PAN CASERO

IBÁN YARZA

PAN CASERO

RECETAS, TÉCNICAS Y TRUCOS PARA HACER PAN EN CASA DE MANERA SENCILLA

LAROUSSE

Para mis padres, Carmen y Goyo, mis superhéroes favoritos.

Dirección editorial
Jordi Induráin Pons

Coordinación de la edición
Àngels Casanovas Freixas

Textos y fotografía
Ibán Yarza

Corrección
Àngels Olivera y Laura del Barrio

Composición, preimpresión y diseño de la cubierta
Marc Monner Argimon,
con la colaboración de Sílvia Blanco

Rosa Sensat 9-11, 3.ª planta (08005 Barcelona)
Telf.: 93 241 35 05
larousse@larousse.es - www.larousse.es
facebook.com/larousse.es - @Larousse_ESP

Renacimiento 180, Col. San Juan Tlihuaca, México, 02400, D.F.

ISBN: 978-607-21-1814-0

Vigésimo séptima edición, junio de 2022

Presentación

Elaborar pan en casa hace feliz. Aún diría más, el pan hace feliz. En este libro quiero compartir esa felicidad especialmente con aquellos que nunca hubieran pensado comprarse un libro de pan, ya que tal vez jamás se les pasó por la cabeza elaborarlo (o tener ganas de hacerlo, que es lo importante). Este libro pretende ser un manual sencillo y, sobre todo, busca acercar a todo el mundo, de manera simple, sin complicaciones ni falsos mitos, la elaboración y el disfrute del pan casero. Con independencia de tu habilidad manual o tu comprensión de los fenómenos que suceden en una masa de pan, las siguientes páginas se han redactado con la intención de que puedas preparar todo tipo de masas, disfrutando y entendiendo lo que haces y con grandes resultados.

En los últimos años he enseñado a hacer pan a mucha gente y he comprobado la magia del pan: no hay una sola persona que elabore pan que no quiera compartir inmediatamente su alegría con los que le rodean, regalar el pan que han hecho sus manos y contar el gozo que proporciona hacerlo. Hay algo primordial en fermentar una masa de pan, formarla con tus manos y esperar que se cueza; es inexplicable. Sin embargo, al hablar con gente mayor (esa que utiliza para el pan las palabras que no aparecen en los diccionarios), uno nunca advierte que echen de menos elaborar el pan en casa como antaño, tal vez de la misma manera que no añoran lavar la ropa a mano o realizar las pesadas labores del campo. Esto nos deja, a comienzos del siglo XXI, con una idea importante: hacemos pan en casa por lo bueno que está, por la emoción que esto nos produce, a veces porque no estamos contentos con el pan de nuestro alrededor, pero, sobre todo, elaboramos pan como ocio y placer, por el gusto de hacerlo. Meter las manos en una masa tibia de harina y agua produce un placer que puede llegar a trascender y ocupar espacios que ni imaginabas.

El pan, como sustento, nos ha llenado la tripa durante milenios, permitiéndonos seguir adelante. En nuestra cultura, como en muchas otras, el pan tiene un trasfondo simbólico muy profundo; son incontables las referencias, connotaciones y significados del pan. Sin embargo, hoy en día el pan está relegado a un segundo lugar.

Presentación

Si uno mira las estadísticas de consumo de pan, enseguida descubre que apenas lo comemos, tal vez porque, por suerte, tenemos muchas otras cosas con las que alimentarnos. El pan, curiosamente, ha dejado de ser el pan nuestro de cada día. Sin opinar si esto es bueno o malo, sí que me entristece pensar que de alguna manera hemos perdido el aprecio y el respeto por el pan. No hay más que ver los simulacros de pan con los que transigimos en la cesta de la compra día tras día. Me gustaría que estas páginas sirvieran para rendir culto al alimento por excelencia; que cada receta, cada técnica y cada consejo sirvieran para aumentar nuestra cultura, aprecio y valoración por el pan. Al igual que ha ocurrido en las últimas décadas con los otros dos grandes alimentos de la tríada mediterránea, el vino y el aceite, ojalá en unos años el pan vuelva a ocupar un hueco importante en nuestras mesas y cocinas.

He dividido el libro en dos partes. En la primera presentaré, aunque sea de manera sucinta, los ingredientes, las técnicas y los conceptos que hay que entender para hacer un buen pan. En una segunda parte propongo una serie de recetas que usan las técnicas y los conceptos teóricos que se han expuesto en la primera parte; las recetas se presentan en tres secciones temáticas, y cada una está ahí porque explica algo nuevo, una técnica o una manera de hacer; cada una va acompañada de sugerencias y variaciones.

Finalmente, encontrarás un anexo, con una sección titulada Dr. Pan, para resolver tus dudas, y un pequeño glosario.

Espero que estas páginas te iluminen y pases un buen rato leyéndolas, y que esto solo sea el principio del gozo que te va a aportar hacer pan. Cada horno encendido en una casa y cada masa madre llena de burbujas son, sin duda, el mejor camino para que el pan recupere su valor.

Barcelona, abril de 2013

Ibán Yarza

Sumario

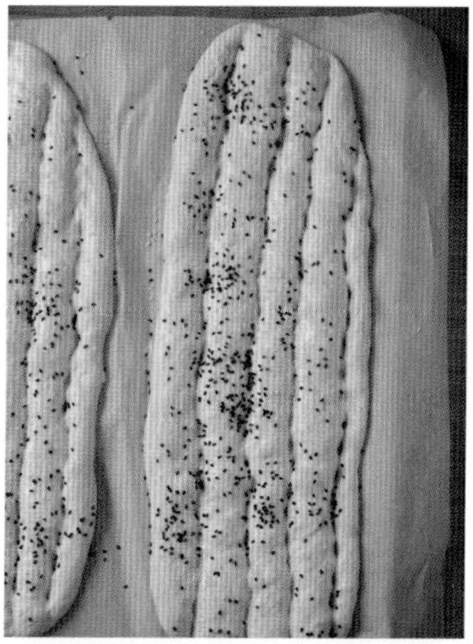

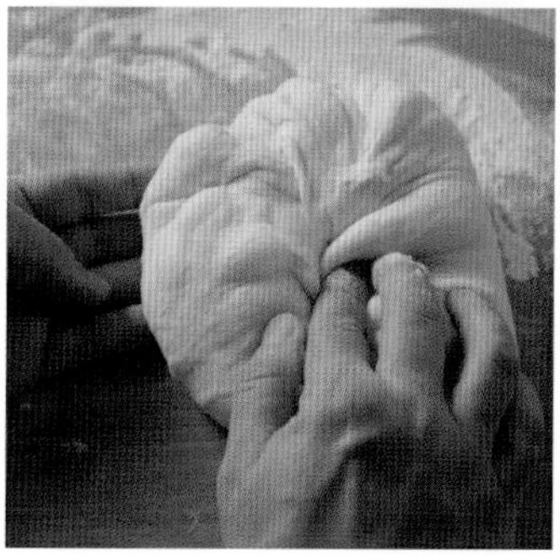

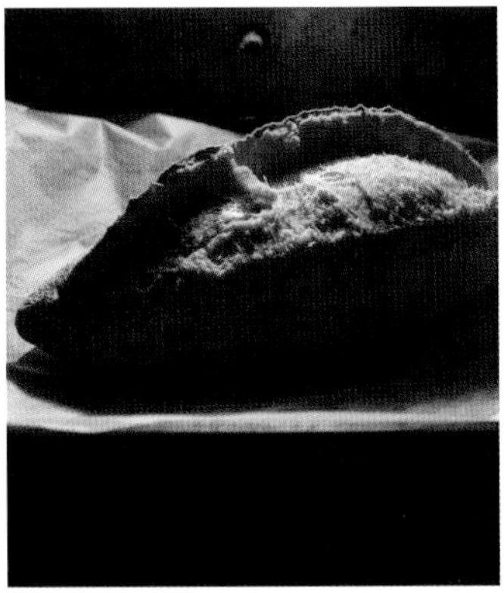

Vida de un panadero casero: nociones básicas de pan

En estas primeras páginas descubrirás las nociones básicas necesarias para hacer pan. Es importante comprender los fundamentos, ya que la mejor de las recetas no es válida si no sabes lo que estás haciendo. Una vez comprendidos los conceptos esenciales, no solo podrás elaborar las recetas propuestas en el libro, sino que también podrás corregir otras de cualquier fuente, ¡e incluso crear las tuyas propias! Aunque ya hayas hecho algunos panes, presta atención a las ideas básicas, ya que a veces el panadero casero se nutre de falsos mitos o conceptos que, sin ser falsos, no son la única manera de hacer las cosas. Esta idea es tal vez la primera lección que hay que memorizar: no hay una verdad, sino que hay tantas maneras de proceder como panaderos.

Por qué cualquiera puede hacer buen pan

Soy, sin duda, una de las personas más torpes que conozco. Soy enormemente despistado, fui un alumno mediocre (especialmente en matemáticas) y no tengo ninguna formación como panadero; sin embargo, sé hacer buen pan. Valga esto como aliento para todo el que comienza a hacer su primer pan. No tienes que atesorar una formación específica ni ser un manitas; no tienes que disponer en tu cocina de lo último en tecnología ni ser un supercocinillas; ni siquiera tienes que tener un elevado sentido de la estética o de la gastronomía. Y con cualquier horno (¡en serio!) puedes hacer buen pan (incluso sin él, como se demuestra en varias recetas del libro). Hacer pan es fácil, hasta yo aprendí a hacerlo.

Hice mi primer pan la tarde del 5 de junio de 2005 en la diminuta cocina de la casa en la que vivía en el centro de Londres. Como siempre me ha gustado fotografiar las cosas que veo, tengo la suerte de guardar instantáneas no solo de mi primer pan (y la cara de pánfilo que se me quedó), sino varios cientos de imágenes del proceso de elaboración de aquel pan. Era un pan mezcla de trigo y centeno, aromático y sabroso, pero tan denso que me sangraron los nudillos al amasarlo (luego aprendí que no hay por qué sangrar amasando; de hecho, no hay ni por qué amasar, como aprenderás). Durante años he conservado mi primera masa madre, que se ha mudado conmigo de casa en casa, de ciudad en

ciudad. La he cuidado como se conserva un objeto familiar querido transmitido de generación en generación. Curiosamente, aquella primavera hacía fresco, así que mi primera masa madre y mis primeros panes fermentaron al calor del ventilador de mi ordenador (cualquier recurso es válido, y tu imaginación será tu mejor aliado). Sin duda, la emoción de aquellos instantes y el aroma de ese pan son algunas de las cosas más valiosas que me llevaré a la tumba.

Desde 2005, no he parado de hacer pan, de aprender y de compartirlo. Creo que más que comer pan casero, lo que me atrajo fue el hecho de la elaboración en sí: cultivar una masa madre natural y ver cómo crecía. Es un hecho comprobado que hacer pan en casa devuelve la curiosidad y la capacidad de asombro a quien (dado el increíble mundo en que vivimos) las creía perdidas. Con los años he aprendido una serie de técnicas básicas, conceptos canónicos que han servido a generaciones de panaderos, pero también trucos que no salen en ningún libro y que son muy útiles en casa (por lo general porque la mayoría de libros de pan no están pensados para gente que hace pan en casa). Posiblemente, las dos cosas que más me han enseñado a hacer pan sean equivocarme y ver cómo hacen pan otras personas (para descubrir por qué hacía algo mal o entender por qué hacía algo bien). Si puedes, haz pan con otros, lee más libros, consulta más páginas web. No te creas lo que dice un panadero (ni siquiera yo en este libro), ya que no hay una sola verdad.

Sin duda, una de las cosas más bonitas que trae el pan es compartirlo. Me he juntado con enamorados del pan en la casa del cura de un pequeño pueblo cántabro, en el refectorio de un monasterio, en casas sin electricidad y con el único calor del horno de leña, y he compartido grandes ratos con las miles de personas que pueblan El foro del pan. A día de hoy, el hecho de que la masa suba en el horno me sigue poniendo la misma cara de pánfilo y hace que permanezca pegado al cristal. Igual que te pasará a ti, guardo botes con criaturas extrañas en mi nevera, miro los gorros de ducha de los hoteles de manera distinta y conozco la diferencia entre distintas harinas. En casa uso un viejo horno del siglo pasado que no tiene ventilador de convección ni funciones digitales, y cuya ventanita de respiración tapo con un trozo de papel de aluminio arrugado. Soy un panadero casero.

Falsos mitos acerca del pan y su elaboración

Después de muchos años haciendo y enseñando a hacer pan, me he dado cuenta de que muchísimos panaderos caseros comparten una serie de falsos mitos acerca del pan y su elaboración. No pocas veces estas ideas limitan lo que se puede hacer, intimidan y llevan a alguna frustración. Así que lo primero que quiero aclarar son una serie de ideas. En algunos casos no digo que el mito sea falso, sino que posiblemente no es la única verdad.

Hacer pan es muy difícil

Como verás en este libro, hay algunas recetas en las que no hay que saber ni amasar ni formar ni hornear. Existen recetas minimalistas que tienen el éxito asegurado. Pero incluso recetas con algo más de trasfondo no tienen por qué ser complejas ni oscuras si entiendes unas pocas ideas acerca de los ingredientes y los métodos.

Hacer pan lleva mucho tiempo

Una de las ideas básicas para hacer buen pan es que hace falta tiempo, y en parte es cierto. No obstante, la que necesita tiempo es la masa, y tú no tienes por qué estar mirando. Las recetas del libro están pensadas para gente de casa, con trabajo, hijos y ocupaciones diversas. En muchos casos, el tiempo total que tendrás que estar de pie haciendo algo con tus manos no superará los 20 o 25 minutos.

Hace falta maquinaria específica, cara y compleja

La única maquinaria que requiere este libro son tus manos, un bol y un horno (y en algunos casos ni eso, ya que hay recetas de pan frito, a la sartén, al baño María y cocido). No hace falta que compres ningún equipo específico.

Hace falta harina de fuerza o ingredientes raros

Totalmente falso. Para hacer pan no se usa harina de fuerza; esta se reserva para la bollería o para alguna preparación especial. Tampoco hacen falta aditivos ni mejorantes. Con harina del supermercado, agua y sal (y algo de levadura, según la receta) puedes hacer cualquier pan. Como con cualquier preparación culinaria, es buena idea que dediques tu tiempo y dinero a buscar ingredientes de calidad.

Hay que echar harina hasta que la masa no se pegue a las manos

Distintos tipos de pan requieren diferentes cantidades de agua, al igual que hay arroces secos, cremosos o caldosos para cuya elaboración varías la cantidad de caldo. Por lo general, si puedes amasar una masa sin que se adhiera lo más mínimo, puede que el pan sea algo denso. Todas las recetas del libro especifican cómo está la masa (y las manos) cuando la manipulas. Verás que hay muchísimas masas distintas. Y eso es lo bonito.

Amasar es muy cansado

Muy sencillo: no amases. En el libro hay varias recetas sin amasado. Además, puedes amasar incorporando reposos sin tener que aplicarte demasiado.

Solo se puede hacer buen pan con masa madre

Sin duda, los panes elaborados con masa madre tienen unos aromas indescriptibles, y el abuso de levadura sea tal vez uno de los grandes males de la panadería. No obstante, usando la levadura con mesura, se pueden conseguir verdaderas joyas. Piensa que hay panes fantásticos, como la baguette o la chapata, que se inventaron hace poco, en la época de la levadura.

El pan congelado es malo

Igual que unas buenas albóndigas seguirán siendo buenas tras la congelación, un buen pan será bueno tras la congelación. Lo que es malo es el mal pan congelado.

El pan caliente es indigesto

Cuando sale del horno, el interior del pan está casi a 100 °C; es prácticamente estéril: no fermentará en el estómago, ya que los organismos que fermentan el pan están muertos. Tampoco sienta mal por estar caliente. Hay muchas culturas que conciben el pan caliente (por ejemplo, en Asia, es muy normal que los panes se consuman calientes recién sacados de una vaporera) e incluso nosotros solemos comer muchos farináceos calientes, como las patatas, la pasta o el arroz. Otra cosa es si el pan no ha sido cocido de manera adecuada. Por otro lado, el pan necesita enfriarse para que salgan todos sus sabores. Dependiendo del tipo de pan, deberán pasar unos minutos, unas horas o, incluso, más de un día (para densos panes de centeno).

Medidas y porcentajes

Las cucharas de medida son un instrumento preciso, no algo aleatorio y caprichoso.

Medidas

Hay panaderos que no miden ni pesan los ingredientes, sino que se basan en su maestría y experiencia para saber cuándo un puñado de sal es suficiente o cuándo hay que añadir más agua a la masa. No obstante, hasta que tengas la destreza y experiencia suficiente para hacer las cosas según la bella ciencia de la ojimetría, es buena idea que uses medidas constantes para que puedas reproducir las recetas con éxito.

La manera más sencilla es usar una balanza. No es la única, pero es fácil. Todas las medidas del libro se expresan en gramos, incluso los líquidos. Acostúmbrate a pesarlo todo para tener resultados consistentes (también los huevos, el aceite, etcétera). En algunos casos, para cantidades muy pequeñas o ingredientes muy ligeros, recurriré a una medida de volumen, la cucharada, ya que puede que la báscula no mida cantidades tan pequeñas, como algunas especias. Las cucharadas de medida son unidades mal entendidas en nuestro entorno: no son caprichosas o aleatorias, sino que son precisas. La cucharada (cuchara sopera rasa) son 15 mililitros, y la cucharadita (cuchara de postre rasa) son 5 mililitros. Curiosamente, la mayoría de las cucharas que tenemos en casa se aproximan a estos valores. Si quieres invertir unos euros en una herramienta que nunca te dejará tirado, cómprate unas cucharas de medida: no se les acaban las pilas, son sumergibles y resisten toda una vida.

El porcentaje del panadero

Para medir, entender y expresar las recetas, muchos panaderos utilizan un sistema llamado el porcentaje del panadero. Aunque al comienzo parezca raro, es realmente útil para comprender las recetas de un vistazo. La idea es sencilla: el peso de la harina (o mezcla de harinas) es el modelo de acuerdo con el cual se miden los demás ingredientes, expresados en porcentaje. Por ejemplo, al pan solemos ponerle un 2 % de sal. Esto no quiere decir que el 2 % de un pan sea sal, sino que por cada 100 g de harina usamos 2 g de sal. Así, una receta sencilla de pan tendrá estas cantidades y porcentajes. Obsérvala con detenimiento:

Harina	500 g	100 %
Agua	300 g	60 %
Sal	10 g	2 %
Levadura	5 g	1 %

Lo bueno de este sistema es que, tanto si haces un pequeño pan como una hornada para toda la familia, el porcentaje es el mismo. Solo tienes que hacer una regla de tres y multiplicar las cantidades por este porcentaje. Por otro lado, esto es de gran ayuda a la hora de comunicar, memorizar o corregir cualquier receta; solo necesitas expresar un par de sencillas cantidades: el 60 % de agua, el 2 % de sal y el 1 % de levadura. Esto simplifica mucho las recetas, ya que te va a dar igual que una receta en concreto lleve 253,45 g de agua. No tendrás que memorizar esa cifra extraña: lo que te interesará saber es qué porcentaje representa sobre el total de harina, lo cual siempre da cifras más sencillas. Es como si vieras con rayos X el esqueleto de la receta, cómo funciona por dentro.

Como verás en las próximas páginas, algunas recetas incorporan en su elaboración una porción de masa ya fermentada, lo que se llama masa *madre, pie de masa o fermento.* Para saber el contenido total de harina y agua de una receta, tendrás que tener en cuenta el contenido de harina y agua del fermento en cuestión. En las recetas del libro encontrarás las cantidades expresadas en gramos, una indicación sobre el porcentaje de agua de la receta, lo cual es muy importante para saber el estilo de pan que elaboras (igual que la cantidad de agua cambia, por ejemplo, el estilo de un arroz). El uso del porcentaje tiene muchas implicaciones y, si te gustan las cifras, la cosa se puede complicar tanto como quieras. No obstante, para tener un control sobre lo que pasa en las recetas, bastará con que pienses simplemente en los porcentajes de harina, agua, fermento, sal, levadura y demás ingredientes, si los hubiera. Acostúmbrate siempre a saber la proporción entre los ingredientes. El uso de este sistema es una mera sugerencia; puedes limitarte a seguir las indicaciones en gramos de las recetas (para eso están); lo que te sea más cómodo.

Harinas

La harina es el ingrediente fundamental del pan y su mundo puede llegar a ser tan complejo y profundo como puedas imaginarte. Antes del uso extendido de la harina de cereales (como el trigo, la cebada o el centeno), el hombre usaba harinas de legumbres, bellotas, castañas e ingredientes que hoy nos parecería sorprendente encontrar en el pan. Una primera idea: el límite de lo que puedes usar para hacer pan lo pone tu imaginación.

En nuestra cultura estamos muy acostumbrados a usar harina de trigo, ya que tiene buen sabor y, además, contiene bastante proteína que, al mezclarse con agua, formará el gluten, la sustancia gomosa responsable en gran medida de que el pan de trigo nos seduzca por su esponjosidad. Algunos cereales carecen de la capacidad de formar gluten, al igual que las legumbres u otros ingredientes. Si los usáramos solos, lo más normal es que dieran como resultado un pan denso. Una solución más fácil es mezclarlos con harina de trigo para conseguir un pan esponjoso. Así se obtiene lo bueno de cada cosa: el estupendo sabor del maíz o el alforfón y la esponjosidad del trigo. Puedes mezclar cualquier tipo de harina: de cereales, de legumbres, de frutos secos. Atrévete.

No te dejes confundir por el gran número de denominaciones que reciben muchas veces las harinas. Aunque existan miles de variedades, tipos y especialidades, es bastante sencillo entenderlas. Propongo que las interpretes del siguiente modo: por un lado, cada tipo de cereal es de una manera por su naturaleza (las distintas variedades que existen), y, por otro lado, el hombre hace diversos productos con ellos (según la manipulación y la molienda). Estas dos ideas las vamos a ver en dos conceptos básicos: la fuerza y la extracción.

La fuerza. Distintos trigos tienen diferente cantidad y calidad de proteína. Otros cereales no poseen la capacidad de crear gluten similar al del trigo, así que la idea de fuerza se suele aplicar casi exclusivamente a este cereal. En cuanto entran en contacto con el agua, las proteínas contenidas en la harina forman una malla glutinosa que creará la miga del pan. ¿Cómo saber cuánta fuerza tiene una harina? Lo más sencillo es hacer una masa con ella, del mismo modo que para saber cómo cocinar un tipo determinado de patata o una variedad de arroz, lo mejor es cocinar con ellas. Si lees los paquetes de harina, verás que se indica la cantidad de nutrientes, entre ellos la proteína. De manera un poco general pero sencilla puedes hacerte la siguiente idea:

- 9 % o menos de proteína: floja. Es la que se ha usado tradicionalmente para repostería, bizcochos, galletas, etcétera. Produce una masa poco elástica y da lugar a unos alveolos menores y más homogéneos.

- 10-11 % de proteína: panificable. Es la típica harina que se emplea para hacer pan en nuestra cultura (su nombre es una mera convención, ¡no significa que no se pueda panificar con el resto!).

- 12 % o más de proteína: de fuerza y gran fuerza. Produce una masa tenaz. Es la que reservaremos para masas enriquecidas con grasas y azúcares, para mezclas con otras harinas flojas o sin gluten, o bien para fermentaciones muy prolongadas.

En cualquier caso, para hacer pan en casa en realidad muchas veces las fronteras entre harinas se difuminan, de manera que no tengas miedo de usar distintas harinas, incluida la repostera, pues te sorprenderás de los resultados.

Como el gluten tiene mucha necesidad de agua, cuanta más fuerza tenga una harina, más agua absorberá, así que tendrás que hacer pequeñas modificaciones en las recetas, similares a las que haces cuando cocinas con distintas variedades de arroz. No obstante, no solo la cantidad es importante, sino que también es crucial la calidad de esa proteína, ya que dará lugar a masas más tenaces o extensibles. Por ejemplo, la espelta es una variedad de trigo que tiene mucha proteína (fácilmente llega al 15 %), pero con la que se produce un pan por lo general más chato, ya que carece de fuerza. Por el contrario, encontrarás harinas que generan una masa tan tenaz que te resultará difícil estirarla al hacer algunas formas, ya que opone mucha resistencia y se encoge cuando la estiras o formas. Este es uno de los motivos por los que la harina de fuerza no es idónea para muchas recetas de pan como la barra.

La W. Tal vez hayas leído o visto este valor; se suele usar mucho en el entorno profesional para expresar la fuerza de la harina. Normalmente, una harina floja suele tener menos de 100 W; una panificable suele tener un valor entre 140 y 200; una de fuerza algo más de 250; y una de gran fuerza más de 300.

La extracción. Es una forma de decir lo integral que es la harina. Cuando los granos de cereal vienen del campo siempre son integrales. En el molino, el hombre elige cómo triturar el cereal y cuánto tamizarlo. Así, según el tipo de molienda, se obtienen harinas molidas a la piedra o a cilindro (la gran mayoría). Y según cuánto se hayan tamizado, se consiguen harinas integrales, semiintegrales o más o menos blancas y finas.

El grano de cereal se compone sobre todo de tres partes: el salvado (la cáscara), el endospermo (la parte blanca almidonosa que compone su mayor porcentaje) y el germen (igual que la yema en el huevo, una pequeña parte muy sabrosa y aromática, rica en aceites y nutrientes). Según cómo se haya molido el cereal, conservará más o menos proporción de estas partes. Tradicionalmente, las harinas se molían entre dos piedras que giraban, aplastando el grano. Una vez tamizada, incluso la harina blanca molida a la piedra suele conservar pequeñas partículas de su corteza y tiene un color más cremoso; por lo general, es una harina más sabrosa y aromática. Sin embargo, la mayor parte de las harinas hoy en día se muelen con cilindros metálicos, con lo cual se produce una harina muy blanca, fina y que desarrolla una miga ligera y un pan de gran volumen a costa de parte del sabor y el aroma. El grano pasa por una serie de cilindros que van separando sus partes hasta que solo queda la harina más fina. En estos molinos, las partes del grano se separan al comenzar la molienda y, en el caso de las harinas integrales, se juntan al final del proceso. A la harina blanca se le añaden cantidades variables de salvados de distinto grosor para hacer los distintos tipos de pan integral.

¿Cómo afecta al pan que una harina sea más o menos integral? Para empezar, en el sabor. Las harinas blancas son más sosas; las integrales, en cambio, tienen todo el sabor (y el importante aporte nutricional) ya que conservan el germen y las capas exteriores del grano. Aunque no tenga nada que ver con la fuerza (ya que puedes tener una harina integral de un trigo fuerte o flojo), las harinas integrales también absorben más agua, así que también tendrás que hacer pequeñas correcciones en la cantidad de agua cuando las uses. (Merecen especial mención las grandes diferencias entre las distintas harinas de centeno; en este caso, prepárate a hacer grandes correcciones en la cantidad de agua.) Un consejo: cuanto más pequeño sea el molino en el que compres, mayores podrán ser las oscilaciones entre harina y harina. Las grandes fábricas suelen ofrecer productos más homogéneos.

Una buena idea es adquirir varias harinas que formen tu «fondo de armario»: una panificable, una de fuerza, una integral de trigo y una integral de centeno (las integrales las podrás tamizar para obtener semiintegrales de gran aroma y sabor pero que produzcan un pan algo más ligero). Con el tiempo descubrirás el gran placer de probar nuevas harinas, y seguro que tus amigos aprenden que el mejor regalo de cualquier viaje es traerte un paquete de harina.

La tasa de extracción. Distintas culturas expresan lo integral que es una harina pesando las cenizas que quedan al carbonizar un kilo de harina. Una muy blanca apenas deja residuos, así que tendrá un número bajo; una harina integral tendrá un número alto. En Francia, por ejemplo, la T45 es repostera, la T55 es la panadera blanca; la T65 es tupida; la T80 semiintegral, etcétera. En otros países, como Alemania, hacen algo similar con 3 cifras, y en Italia o Argentina lo indican con el número 0. Cuantos más 0 tenga una harina, más fina es. Esto no nos informa de su fuerza, pero sí de la finalidad para la cual elaboró la harina el molinero.

Agua y sal

Agua

Ya en el siglo XVIII, Parmentier criticaba a muchos panaderos («especialmente en provincias») porque achacaban los defectos del pan a la mala calidad del agua, cuando, en realidad, «en panadería el agua no es de una consecuencia tan grande como se pretende». Curiosamente, el famoso nutricionista francés (conocido por promover el consumo de la patata) encontraría que en el siglo XXI muchos panaderos caseros suelen pensar del mismo modo que los panaderos de provincias franceses hace tres siglos. Aunque parezca sorprendente, el agua del grifo produce un gran pan (no hay panadería, por buena que sea, que se pueda permitir usar agua mineral). De hecho, el agua de botella no favorece la fermentación, sino todo lo contrario, ya que suele ser «de mineralización débil». Yo uso agua del grifo del sitio donde me encuentre, y el pan siempre sale bueno. Ni siquiera has de preocuparte por el cloro; si hablas con la gente que trabaja en las redes de agua de nuestras ciudades, precisamente su preocupación es el que el cloro desaparece con gran velocidad del agua expuesta al aire.

El agua es una parte muy importante del pan, pero en vez de preocuparte por qué agua usar, yo intentaría saber cuánta emplear, ya que cada receta exige una cantidad precisa de agua. Destierra la vieja idea de añadir harina hasta que la masa no se pegue en las manos, ya que hay muchas masas que se tienen que pegar, y algunas incluso serán poco más que una papilla densa. En muchos casos, si la masa no se pega (aunque sea ligeramente) en las manos, corres el riesgo de que el pan quede denso y pesado. Después veremos las técnicas para evitar que unas manos pringosas supongan un problema. Piensa que igual que hay recetas de platos de arroz seco, cremoso y caldoso, lo mismo pasa con las recetas de pan. Dado que el agua forma una parte sustancial de las recetas, es importante saber que puedes usarla para aumentar o disminuir la temperatura de la masa, ya que te puede interesar hacer las dos cosas. Dependiendo de la época del año, de la temperatura de la cocina o de si usas una amasadora (que tienden a sobrecalentar la masa), puedes agregar agua tibia (nunca debe quemar) o bien agua de la nevera. Para la mayoría de las masas, una temperatura final intermedia de unos 23-24 °C será ideal. No hace falta que tengas un termómetro, simplemente intenta que la masa no pase ni frío ni calor.

Sal

La sal sala, es así de sencillo. Un pan con sal es más sabroso que otro sin ella (esto hace que algunas veces el pan malo sea salado, ya que le intentan dar el sabor que no tiene añadiéndole más sal). Hay una cuestión curiosa, y es que antiguamente, de forma universal, no se le ponía sal al pan. Quedan vestigios de esto en sitios como Mallorca o en la Toscana, donde hay panes sin sal. Puedes hacer pan sin sal. Ahora bien, piensa en cómo es el pan sin sal de una panadería y comprobarás varios de los efectos que tiene la sal.

Por un lado, la sal mejora la corteza, puesto que le da color, profundidad, brillo y crujido. Por otro lado (y esto es muy importante), la sal da estructura al pan, hace que tenga más cuerpo, que su masa sea más tenaz. Una masa sin sal será más blanda y pegajosa, mientras que otra con sal será más elástica. La sal tiene un efecto retardante sobre la acción de las levaduras que fermentan las masas, por lo que una masa con sal fermentará de forma más lenta que otra sin ella. Es bueno saber esto porque, por ejemplo, en épocas de mucho calor, te puede interesar manejar la sal en los procesos de fermentación para evitar que la masa fermente con demasiada rapidez. Si te decides a hacer pan sin sal, reduce la cantidad de levadura para que no fermente muy deprisa. Finalmente, dado que la sal es el conservante universal, un pan con sal se conservará fresco más que otro sin sal. Además, por su característica antioxidante, la sal ayudará a conservar los preciosos tonos cremosos de la miga de un pan elaborado con una buena harina.

¿Qué y cuánta sal usar? Cualquier sal es válida: la de mesa, la de salina o la de roca; simplemente asegúrate de que se pueda disolver en el amasado. Si tiene unos granos muy gordos, muélelos con un mortero o molinillo. La sal fina se incorpora sin problemas a una masa, incluso una vez comenzado el amasado. De hecho, retrasar la incorporación de la sal, como se verá en el capítulo de fermentación y manipulación, es una práctica habitual que se hace de varias maneras y por diversas causas. Cada receta te indicará una cantidad orientativa, pero piensa que, en nuestra cultura, la mayoría de los panes tienen alrededor del 2 % de sal sobre el peso de harina (18-20 g de sal por kilo de harina).

Masas con una cantidad creciente de agua: 45, 55, 65 y 80 % de agua sobre el peso de harina. La misma cantidad de harina puede incorporar diversas cantidades de agua, lo que variará la estructura de la miga, la corteza e incluso el sabor del pan. Habrá variaciones dependiendo de la capacidad de absorción de cada harina.

Levadura

La levadura de panadero es un hongo llamado *Saccharomyces cerevisiae* (una traducción muy libre sería algo semejante a «hongo que come azúcar y hace cerveza»). Este ser vivo tiene la capacidad de transformar los azúcares de la harina en gas (dióxido de carbono) y alcohol. El gas llena los alveolos de lo que será la miga y el alcohol contribuye en parte a los aromas, y después se evapora en el horno. Hoy en día es lo que más se usa para fermentar pan (y también para elaborar cerveza o vino). Pero piensa que no se produjo tal y como la conocemos hoy hasta la segunda mitad del siglo XIX.

La levadura se encuentra básicamente en dos formatos: fresca (suele presentarse en pequeñas pastillas; se conserva en la nevera durante más o menos un mes) y en gránulos secos (fácil de encontrar en sobres, no necesita frío y dura meses). Para hacer pan en casa ambas son válidas, así que es una buena idea disponer de unos sobres de levadura (los hay casi en cualquier supermercado) para tenerlos en casa siempre listos. La norma básica de uso es que de la seca se usa 1/3 de la cantidad que se indica para la fresca. Si en un pan se dice que uses 10 g de levadura de panadero, usa 3 g de levadura seca. A menos que se diga expresamente lo contrario, en este libro siempre se indican las cantidades de levadura fresca. De hecho, como se verá más adelante, casi el único inconveniente de la levadura seca es que a veces hay que usar cantidades tan pequeñas que es difícil de medir; en esos casos, más que al peso, recurriremos al volumen. Piensa que los sobres ya vienen pesados. Si un sobre pesa 6 g, simplemente esparce los gránulos de levadura sobre la mesa y haz 6 partes iguales; después, las puedes ir dividiendo hasta tener cantidades muy pequeñas. Como indicación para cantidades muy pequeñas, fíjate en las fotografías de la página siguiente.

Hay un par de ideas básicas que tienes que considerar cuando uses levadura. No la añadimos para que el pan sepa o huela a levadura; si este tiene sabor u olor a levadura, usa mucha menos la próxima vez. La capacidad de fermentación de la levadura es enorme, así que no tengas miedo de emplear cantidades pequeñas. La norma es esta: es preferible menos levadura (la única excepción pueden ser las masas dulces).

Puedes congelar la levadura sin ningún problema; simplemente piensa que es un ser vivo y que, a medida que pase el tiempo, puede que vaya perdiendo capacidad de fermentación: al descongelarla, usa un poco más. Esto mismo es válido tanto para una levadura fresca como seca que se aproxime a su fecha de caducidad; piensa que se habrá reducido el número de microorganismos.

Apuntes

Hay que mencionar un pequeño apunte terminológico acerca de la levadura química (los polvos blancos contenidos en los sobres de Royal® o bien las parejas de sobrecitos de otros impulsores químicos). Aunque por su capacidad de hacer levar las masas reciban este nombre, no son levaduras en el sentido biológico de la palabra y no realizan la fermentación; se trata, por el contrario, de una reacción química que produce el gas que normalmente se usa para levar magdalenas, bizcochos y galletas. En la página 78 encontrarás una receta facilísima de pan típica de Irlanda elaborado con levadura química.

La primera levadura seca que existió se parecía a la actual, pero los gránulos eran bastante más gordos y necesitaba «activarse» en agua antes de su uso. Después se comercializó la levadura seca que tenemos hoy en día, de ahí la confusión de nombres que es posible encontrar en algunos recetarios: a la levadura seca se le llama a veces rápida, instantánea, etcétera. Todo ello se debe a que existió una levadura seca que en realidad no lo era. Esta debía dosificarse de un modo ligeramente diferente, usando la mitad de cantidad que de la fresca y había que reactivarla antes en agua. Tal vez leas esto en algunos libros, sobre todo en traducciones.

No existe tal cosa como poca levadura; en realidad hay que ser más preciso. 5, 2, 1, 0,5 y 0,1 g de levadura fresca, y un tercio de su peso en levadura seca.

Fermentación

Fermentación con levadura

A lo largo del libro, verás distintas recetas con levadura. Obsérvalas con detenimiento, intenta comprender qué papel desempeña la levadura, y cómo podrías adaptarlas a tus necesidades, gustos o ritmo de vida. Aquí van unas cuantas ideas básicas para que luego puedas elaborar, corregir y adaptar tus propias recetas.

El pan fermentado solo con levadura necesita bastante tiempo para desarrollar los sabores. Como acabamos de ver, no queremos que el pan sepa a levadura, pero entonces, ¿de dónde procede el sabor? Al igual que el queso no sabe a leche, el sabor del pan no procede solo de la harina, sino que también necesita del proceso de la fermentación. Las levaduras, y especialmente las bacterias, hacen que el pan sepa a pan. Estas bacterias beneficiosas (que tenemos fuera y dentro de nuestro propio cuerpo) son responsables de los ácidos (acético y láctico principalmente) y otros compuestos aromáticos que crean el gusto del pan.

La fermentación es un equilibrio entre la proporción de harina y levadura de la masa y la temperatura (de la masa y del exterior). Con más levadura, la masa fermentará más rápido (ya hemos visto que esto normalmente no es muy buena idea), y a más temperatura, la masa también fermentará con más rapidez (así que, en verano, acuérdate de reducir la cantidad de levadura para que la magia del pan siga sucediendo en el mismo intervalo de tiempo).

¿Cuánta levadura usar para el pan? Como hemos visto, el sabor del pan depende de la actividad bacteriana... y las bacterias necesitan tiempo para acomodarse en la masa. Un pan de levadura que fermente en menos de unas 5 o 6 horas será, por lo general, algo insípido (puedes hacer que su sabor proceda de otro lado, como luego veremos). Por ejemplo, si usas el 1 % de levadura fresca en el pan (5 g de levadura fresca por 500 g de harina), posiblemente fermente en unas 5 o 6 horas, momento en que el pan empieza a adquirir aroma, sabor, textura y conservación. Podrías usar más levadura, pero aconsejo que emplees menos y que dejes que el pan fermente tranquilamente durante más tiempo.

Imagínate que en vez de ese 1 % de levadura, añades el 0,5 % (2,5 g de levadura para 500 g de harina). Así, el pan tardará más en fermentar, pero ganará en calidad.

Como dice el panadero Xavier Barriga, lo que necesita un obrador es una silla para sentarse a esperar. Es una preciosa metáfora, pero no tienes por qué estar esperando pendiente de la masa. Puedes hacer lo que hacen muchos panaderos contemporáneos (incluidos los caseros): usar la nevera. Esta es una de las grandes claves para la comodidad y el éxito de los panes que hagas en casa. Sin duda, el uso de la nevera ha revolucionado el mundo del pan, ya que permite obtener panes sabrosos, aromáticos, de hermosas cortezas y de gran conservación. Por si esto fuera poco, te proporciona control sobre la fermentación (y hace que no tengas que esperar hasta las 3 de la madrugada para hornear).

En la nevera, la levadura va ralentizando su actividad hasta quedarse prácticamente dormida, pero en ese periodo tiene tiempo de fermentar el pan. Mientras la levadura se adormece, las bacterias siguen haciendo su labor y dotan al pan de aroma, sabor, conservación, textura y la corteza de un gran pan. Es sencillo y comodísimo para gente que no dispone de muchas horas para hacer su pan tras llegar a casa del trabajo. Puedes hacer el pan en dos días: el primero lo amasas y lo dejas fermentar en la nevera, y el segundo día lo horneas (este pan se conservará fresco durante varios días). Es cómodo guardar la pieza de masa ya formada en la nevera, con la forma definitiva con la que va a introducirse en el horno; simplemente asegúrate de que la masa no se seque (métela en un recipiente hermético). Al día siguiente, deja que pierda un poco de frío antes de introducirla en el horno, sobre todo si es una pieza grande (si no, el interior del pan puede estar muy frío y cuando el calor llegue al interior, la corteza ya se habrá formado).

Masa madre de levadura

Desde hace mucho tiempo, los panaderos saben que la manera más sencilla de meter alma al pan, de conseguir que tenga un gran gusto y aroma, es incorporar en su elaboración un trozo de masa de la hornada anterior. Esto recibe distintos nombres: masa madre, pie de masa, cucharón, prefermento, etcétera. En casa, como no hacemos pan todos los días, no es tan normal tener masa vieja, pero siempre puedes crear un fermento de levadura con un poco de antelación. Con ello conseguirás, por así decirlo, la cuadratura del círculo: este fermento proporcionará aroma y sabor al pan, y, si quieres, podrás usar levadura para que el pan fermente con rapidez. Si no le pusieras el fermento repleto de aromas, el pan sería anodino, pero al incluir esa masa, estás incorporando un concentrado de tiempo en forma de aroma y sabor.

Hacer una madre (o fermento) de levadura es fácil, algo así como poner las legumbres en remojo con antelación: un poco de previsión da grandes resultados. Puedes hacer tus fermentos a temperatura ambiente, con lo que necesitarás como mínimo 3 o 4 horas para que empiece a haber algo de alma, de madre, de aromas. Pero es preferible que dejes el fermento tranquilamente durante más tiempo, ya sean 6, 8, 12 o 18 horas. Lo único que tienes que hacer es ir reduciendo la cantidad de levadura de manera proporcional. Aunque depende de la temperatura, para una temperatura ambiente intermedia (20-22 °C), sigue la siguiente tabla:

	3-4 horas	**8 horas**	**12 horas**
Para 100 g de harina	1,5 g levadura	0,5 g levadura	0,1 g levadura

Por ejemplo, para preparar un fermento unas 8 horas antes, mezcla 200 g de harina, 100 g de agua y 1 g de levadura.

La biga (1 y 2) es un fermento sólido que ayuda a dar estructura a las masas y un fondo de sabor profundo.

Si usas la nevera, utiliza un 1-1,5 % de levadura sobre el peso de harina. Mézclalo e introdúcelo en la nevera. Como al meter la masa en la nevera estará a unos 20-22 °C, las levaduras la fermentarán

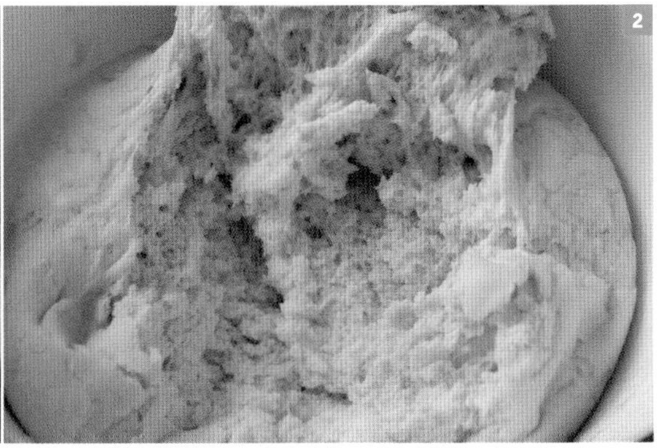

durante los primeros momentos, y, al día siguiente, estará repleta de aromas y sabor. La gran ventaja de usar el frigorífico es que el fermento aguanta más tiempo; puedes tenerlo tranquilamente en la nevera dos, tres o cuatro días y hacer el pan cuando te vaya bien.

Distintos fermentos

Las distintas culturas panaderas usan la idea del fermento de diversas maneras. Simplemente cambiando las proporciones de agua, harina y tiempo puedes conseguir distintos efectos, adecuados para las diferentes variedades de pan. Para elaborarlas, usa los tiempos y las cantidades de levadura indicados.

Biga. Este nombre italiano se usa para designar un fermento bastante seco, con un 45-50 % de agua. Proporciona un aroma penetrante y limpio, y la actividad de las bacterias provoca una acidez que contribuye a dar rigidez y volumen a las masas. Es típico hacer la chapata con biga, pero la puedes usar para cualquier pan de hogaza, por ejemplo, el pan de Kamut® de la página 160 o el pan multicereales de la página 136.

Esponja. Es básicamente una masa de pan sin sal. Tiene una hidratación intermedia (60 %) y contribuye a dar un fondo de suave sabor a pan, aportando estructura y volumen. Es clásico su uso en pan de molde y bollería.

Poolish. Es un fermento líquido en cuya elaboración se suele usar la misma cantidad de agua que de harina. Con la fermentación se convierte en una sopa burbujeante. Tiene un gusto muy suave, que parece que contenga algún lácteo (está repleto de ácido láctico).

El *poolish* (3 y 4) es un fermento líquido que fomenta la extensibilidad de la masa y da un gusto suave.

3 4

Masa madre natural

La masa madre natural es un fermento compuesto de harina y agua que, a diferencia de los fermentos o madres de levadura que hemos visto antes, no contiene ningún tipo de levadura añadida. ¿Cómo es capaz de fermentar? Muy sencillo: en el ambiente y en la propia harina hay multitud de levaduras y bacterias capaces de hacer fermentar el pan de forma espontánea. En cuanto elabores la masa madre, te darás cuenta de que da al pan un sabor y aroma inolvidable, además de otorgarle gran duración y hacerlo más sano y digestivo. Esta forma de panificación se ha utilizado durante milenios: posiblemente tu bisabuela lo hiciera así. Por si fuera poco, como tus condiciones de trabajo (harina, agua, ambiente, etcétera) son únicas, tu masa madre también será única. Su empleo es muy similar al de los fermentos de levadura que hemos visto antes; tienes que prepararla con antelación.

¿Cómo conseguir una masa madre natural?

Igual que ocurre con otros cultivos que puedes usar en casa, como el yogur, para hacer pan de masa madre necesitas un poco de madre inicial. Pero al contrario que con el yogur, no necesitas que nadie te pase un poco de cultivo inicial; lo puedes elaborar en casa. Las levaduras y bacterias están en el ambiente y la harina y tan solo tienes que atraparlas. Para ello existen mil modos; cada panadero tiene uno. Yo te propongo uno tan sencillo como mezclar harina y agua. La elaboración de la masa madre es algo que, con suerte, solo tendrás que hacer una vez en tu vida, ya que una masa madre, si la tratas medianamente bien, dura para siempre. Lo que vamos a hacer, más que «crearla», es cultivarla como un agricultor de levaduras.

Día 1. Mezcla harina integral y agua. Puedes emplear el cereal que quieras; yo uso centeno porque fermenta muy rápido, pero el resultado es similar con trigo o con lo que tengas por casa, incluso con cereales sin gluten. Para 40 g de harina integral de centeno, pongo 55 g de agua, pero la cantidad es irrelevante, podrías hacer una masa densa o bien un líquido ligero. Tápalo y déjalo a temperatura ambiente. En un lugar tibio (o en verano) irá más rápido.

A la derecha, en el margen, proceso de creación de la masa madre (vistas cenital y frontal). En verano sucederá más rápido, en invierno más lento.

Día 2. Transcurridas 24 horas, en invierno puede que no haya pasado gran cosa (en verano, tal vez haya burbujitas). Con independencia de lo que suceda, el primer día limítate a remover la mezcla. Así repartes el alimento de la masa y los microorganismos que están apareciendo. Vuelve a tapar el recipiente y déjalo otras 24 horas a temperatura ambiente.
Día 3. 24 horas después, es más probable que ya haya pequeñas burbujas y un olor a fermentación un poco agrio. Ambos son indicios claros de que la cosa va bien. No te preocupes si los dos o tres primeros días de la fermentación el olor es algo intenso; ha de haber una sensación algo ácida y a bodega vieja, sidrería o quesería. Este día, como ya hay actividad, alimenta tu proyecto de madre. Para no acabar con 2 kilos de madre al final del proceso de creación, descarta un par de cucharadas soperas de mezcla. Una vez retiradas, añade un par de cucharadas soperas de harina y otra de agua. Remueve, tapa y deja que repose otras 24 horas.
A partir de aquí, los días 4, 5, 6, etcétera es tan sencillo como volver a repetir los pasos del día 3. Verás cómo la masa va tomando velocidad y en los días quinto y sexto, se hinchará en unas pocas horas. Al mismo tiempo, la masa madre irá afinando su olor, adquiriendo tonos de acidez láctica. La masa estará lista cuando sea capaz de ganar volumen en pocas horas, pero no te obsesiones con ello. Si al cabo de unos días la madre está algo perezosa, añade más harina hasta formar una bola de masa y olvídate de ella un par de días: fermentará sola. ¿Qué hacer entonces?
Si mantuvieras la masa madre a temperatura ambiente, necesitarías alimentarla continuamente; lo más cómodo es cerrar el recipiente e introducirlo en la nevera hasta el momento en que quieras utilizarla. Allí, los microorganismos ralentizan sus funciones y las bacterias producen una buena cantidad de ácido que protege a la masa madre de cualquier ataque externo. Una vez madura, una masa madre es casi indestructible.

¿Cómo conservar la masa madre?

En el frigorífico, la masa madre aguanta meses sin ninguna atención. No necesitas sacarla cada semana y atenderla. Si, por ejemplo, sabes que vas a estar fuera de casa sin hacer pan durante varios meses, lo mejor es guardar el recipiente en el congelador, ya que de este modo la masa no seguirá acidificándose, sino que se detendrá en su punto. Una masa madre líquida tiende a degradarse antes que una sólida. Verás que, tras unos días en la nevera, se separa una capa de

Masa madre vieja: una masa madre líquida se asienta con el tiempo y los sólidos se decantan. Esto es totalmente normal; solo hay que alimentarla antes de usarla.

líquido, que irá adquiriendo un color oscuro con el tiempo. Esto es totalmente normal. Cuando vayas a usarla, tan solo desecha el líquido y toma una parte de la masa que se ha decantado en el fondo del recipiente. Si esto te preocupa, vierte más harina en el recipiente hasta obtener una pelota sólida de masa; en una masa sólida todo irá más lento, y la degradación de la madre será menor.

¿Cómo se usa?

Para utilizar la masa madre lo más importante es que te asegures de que está en correcto estado. Si ha estado unos días en la nevera, necesitarás entrenarla (cuanto más tiempo haya estado inactiva, más entrenamiento necesitará). Si pusieras la masa madre directamente de la nevera en un pan, apenas tendría capacidad de levar, estaría dormida y ácida, y el resultado sería un desastre. Para despertarla hay que darle uno o dos ciclos de alimentación, que se denominan «refrescos». Si haces pan cada semana, te propongo un esquema de dos refrescos; es sencillo y factible: hace que la masa trabaje mientras duermes o trabajas y te da control sobre el proceso y el resultado. Pensemos, por ejemplo, que quieres hacer pan el domingo.

Inicia el proceso el sábado por la noche. Saca la madre de la nevera y toma apenas media cucharada sopera, unos 5-10 g. Desecha el resto, ya que estará muy ácido y tan solo hace falta un poco (por eso, no hay que guardar grandes cantidades de madre). Estos pocos gramos de madre van a proporcionarte un par de hogazas el domingo. La idea es la siguiente: mezcla esos 5-10 g de madre con 100 g de harina y 60 g de agua el sábado por la noche. Si te fijas, apenas empleas el 5 o 10 % de madre sobre el peso de harina. Haz una pelota con la masa y deja que fermente toda la noche (unas 8-12 horas) a temperatura ambiente. El domingo por la mañana tendrás una bola de masa fermentada de unos 165 g. Entonces suma 165 g de harina (la misma cantidad que de madre, el 100 %) y 205 g de agua. Esto hará que tengas una masa madre con la misma cantidad de harina y agua total, lo cual te facilitará los cálculos en tus recetas. Deja que esta masa fermente en un lugar tibio y, en unas 2 horas y media o 3, tendrás lista la masa. Observa el gráfico 1. Pero, ¿cuándo usar la masa madre? ¿Cuál es el momento adecuado? No hay un solo punto, sino que dependerá del gusto (si prefieres un pan más suave o más intenso) o del tipo de pan que quieres hacer. Cuanto más tiempo fermente, más ácida será la masa. Observa el gráfico 2.

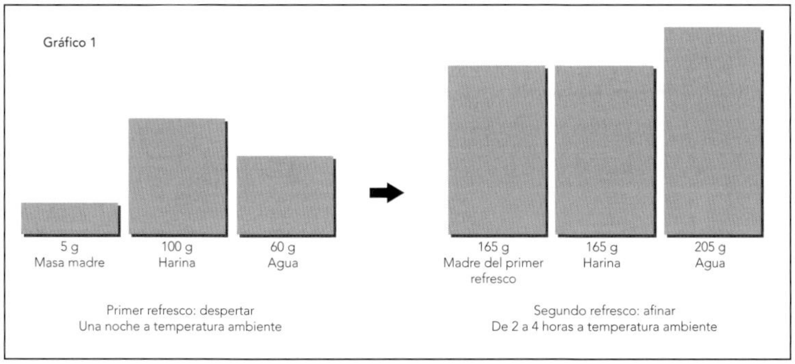

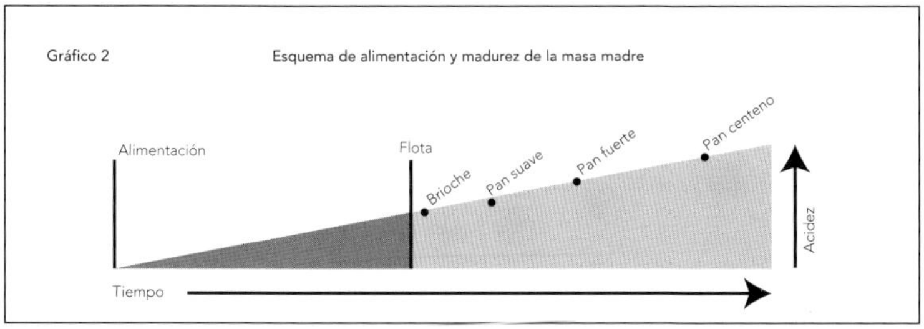

Cuando alimentas la masa madre, los microorganismos empiezan a fermentar, lo que hace que la masa se hinche y adquiera sabor. No obstante, si dejas que transcurra demasiado tiempo, la masa se acidificará en exceso para algunos paladares (o para algunos panes). Una buena indicación de cuándo está lista es observar si un trozo de esa madre flota en un vaso con agua. Sorprendentemente, la masa es capaz de flotar a veces mucho antes de darnos signos de estar muy activa (grandes burbujas o volumen). En cuanto pueda flotar, la masa tendrá una acidez muy suave, casi como un yogur suave; de ahí en adelante, irá adquiriendo fuerza. Controla cuánto fermenta la masa igual que haces con el tiempo que un té está en infusión. Un poco de práctica es esencial para descubrir y afinar tu gusto: ¡prueba siempre un poco de masa madre para que te proporcione la información necesaria para ir aprendiendo! Una vez que hayas decidido que la masa madre está lista, acuérdate de algo muy importante. Según el ejemplo anterior, tienes aproximadamente unos 535 g de masa madre. Es importante que reserves unos 50 o 100 g en un recipiente en la nevera para hacer pan la próxima vez. Con el resto tienes suficiente para hacer dos o tres hogazas. Acostúmbrate a hacer siempre dos o tres panes, ya que te cuesta lo mismo amasar y formar, y aprovechas mejor el horno. El pan bien hecho se congela con gran calidad. Si tienes cualquier duda, consulta el anexo Dr. Pan.

La masa madre sólida flota antes de adquirir gran volumen. En este punto ya se puede usar; su acidez será suave.

La masa madre líquida flota antes de estar completamente llena de burbujas. En este punto ya se puede usar; su acidez será suave.

Otros ingredientes

Las recetas que se presentan en este libro se han escogido para que tengas una idea del increíble número de ingredientes que puedes usar para hacer pan. Especialmente la tercera parte del recetario, llamada **Ingredientes y sabores,** intenta presentar ingredientes, tanto tradicionales como nuevos, de tal manera que incentiven tu creatividad y te animen a experimentar. Todas las recetas que se han incluido tienen un apartado de variaciones. En cualquier caso, el ámbito de los ingredientes que puedes añadir al pan es amplísimo. Aquí se muestran algunas ideas básicas:

Líquidos. No te quedes con la idea de que el pan está constituido por harina, agua y sal. Usa lo que tengas en casa. La leche (sola o en parte) es un gran aliado del pan, ya que suaviza y da un toque aterciopelado a las masas. El agua de cocción de las patatas, la pasta o el arroz es fantástica para fermentar, ya que es gasolina para las levaduras, y produce una miga jugosa y una corteza dorada. Las bebidas alcohólicas son portadoras de grandes aromas, pero, si tienen mucha graduación, podrían ralentizar la fermentación (como el vino), o incluso llegar a detenerla (si usas un aguardiente como único líquido). Puedes licuar cualquier fruta, verdura o hierba: conseguirás grandes sabores y colores. No obstante, el horno consume muchos de los aromas más sutiles, así que, si quieres hacer un pan que huela o sepa a cosas sutiles, usa un líquido en que el sabor esté muy concentrado.

Grasas. Las grasas pueden conseguir cosas importantes en una masa. Un poco de grasa (como la que hay en una pizza) hará que la masa se extienda con más facilidad. En cambio, cuando se incorpora más grasa (a partir del 5 o 10 % sobre el peso de harina), se dificulta la formación del gluten y el pan queda más denso. Puedes evitarlo y conseguir masas muy ligeras si retrasas el añadido de la grasa. Amasa primero y luego incorpora la grasa. Como norma general, cuanta más grasa emplees, más tendrás que amasar antes (como se hace en la receta del roscón o los bollitos de sémola y comino de la página 114).

Ingredientes jugosos. Puedes incorporar a una masa cualquier resto de ingrediente harinoso, como patatas, sémola, avena, arroz, legumbres... ¡incluso pasta! Al hacerlo, las masas quedarán jugosas, ligeramente húmedas, tendrán un bocado delicioso y ganarán en conservación. Pierde el miedo y la vergüenza: todo vale. Si te da reparo que aparezca un trozo de garbanzo o de pasta en mitad de la miga, simplemente reduce a puré los ingredientes.

Ingredientes sabrosos. Muchas veces incorporamos al pan ingredientes de gran sabor. Por desgracia, a menudo solo los ponemos en la masa en trocitos. Utiliza el mortero, la batidora o la licuadora para reducir a puré cualquier ingrediente y que impregne de verdad la masa, como se hace en la trenza con nueces de la página 172. Haz puré de anchoas, sardinas, cerezas, aceitunas, alcaparras... ¡mejillones! Prueba a machacar o picar chorizo, morcilla o sobrasada, e incorpóralos a la masa como si se tratara de una pasta. La masa tendrá color, sabor y alma.

Especias. Las masas, por el hecho de fermentar durante mucho tiempo, son vehículos excepcionales de las hierbas aromáticas (seguro que puedes pensar en pocos segundos en muchas variedades de masas aromatizadas). No te limites a introducir especias molidas junto a la harina: haz infusión de hierbas y especias; añade especias a los fermentos y deja durante muchas horas que los aceites esenciales de plantas aromáticas impregnen la masa. Varias recetas del libro utilizan una técnica denominada escaldado, que consiste en verter agua caliente sobre la harina: ese es el momento ideal para incorporar especias y hacer una infusión.

Semillas y frutos secos. No solo son saludables y deliciosos, sino que también combinan bien con la masa, porque aportan sabor, jugosidad y mordisco en la miga y crujido en la corteza. Recuerda incorporar las semillas o frutos secos una vez concluido el amasado, ya que de este modo el gluten se desarrollará con facilidad y el pan quedará más esponjoso. Puedes probar a tostar las semillas antes de incorporarlas a la masa; si lo haces, intenta remojarlas rápidamente en agua fría para atrapar todos sus aromas. Si quieres hacer un pan con un intenso sabor a una semilla, úsala de varias maneras: tostada, molida junto a la harina y en puré con un poco de agua y alguna grasa. Verás cómo se multiplica su sabor en la masa.

Azúcar. Las levaduras se alimentan de los azúcares que hay en la harina; no es necesario añadir más azúcar para un pan común. En panes dulces, el exceso de azúcar hace que la levadura se resienta, ya que el azúcar en grandes cantidades ralentiza sus funciones; por este motivo, las masas dulces llevan algo más de levadura. Además, el azúcar tiende a aflojar la masa; una masa con mucho azúcar parecerá tener más líquido del que en realidad contiene. Si pretendes crear recetas dulces, reduce la cantidad de líquido en la masa.

Utensilios

Cosas que necesitas

Una de las ideas básicas de este libro es que no hace falta gran cosa para hacer grandes panes. No tienes que comprar nada; tus manos y tu horno son todo lo que precisas. Los panes de este libro se han elaborado con estos seis elementos:

1. Tus manos. No hay nada como ellas. Son el mejor instrumento: amasan, pliegan, bolean y forman. Todas las recetas del libro se han amasado a mano, y parto de que no tienes ningún equipamiento especial. Puedes usar sin ningún problema una amasadora: intenta emplear velocidades lentas y tratar la masa con suavidad para no calentarla, sobreamasarla u oxidarla en exceso.
2. Bol. Podrías hacer las masas sobre la mesa haciendo un volcán con la harina, pero en el siglo XXI no hay nada como un bol, y si es con tapa hermética, aún mejor. De lo contrario, usa film transparente o un gorro de ducha para taparlo. El bol puede ser de plástico, de vidrio, de loza o de acero inoxidable.
3. Rasqueta. Si tuviera que quedarme con una sola de las muchas cosas que te pueden hacer el trabajo más fácil, sin duda sería la rasqueta. Te ayuda a perder el miedo a la masa. Personalmente me gustan las flexibles pero un poco rígidas.
4. Papel de hornear (o sulfurizado). Es barato, reutilizable, reciclable y te permite hornear sin miedo, no quemarte y corregir tus errores durante la manipulación.
5. Bandeja metálica con piedras. Para conseguir hermosos panes que crezcan con una gran corteza y greña es indispensable crear mucha humedad en el horno. Una bandeja metálica llena de piedras (o tuercas) es un método barato y efectivo.
6. Balanza. No es estrictamente necesaria; puedes medir por volumen, pero una balanza te ofrece resultados precisos.

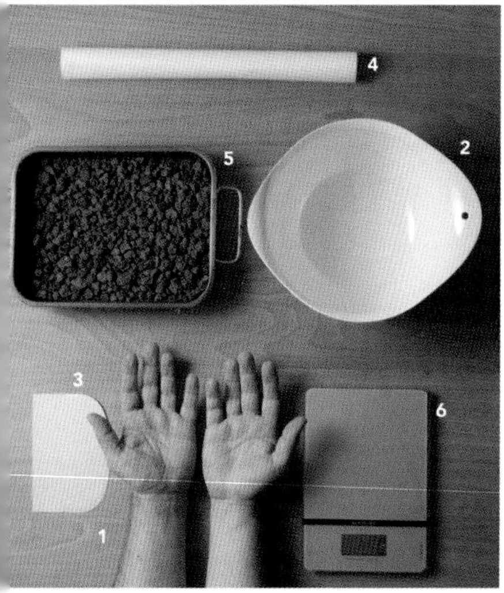

Cosas que no necesitas

Puedes vivir tranquilamente sin estas cosas: algunas son realmente superfluas y otras interesantes si quieres mejorar. En cualquier caso, los panes de este libro están hechos sin piedra de hornear ni termómetro, en un viejo horno de hace 30 años.

7. Bandeja. Una bandeja metálica de tamaño un poco menor que el horno te permite organizar tu trabajo, moverlo de sitio y meter y sacar piezas del horno sin peligro.
8. Piedra de hornear. Una superficie calentada durante tiempo (como una piedra de hornear, una chapa de acero, una carmela de hierro colado, etcétera) consigue que el pan suba más y tenga mejor corteza, entre otras cosas. El inconveniente es que tienes que comprarla y que necesita tiempo para calentarse.
9. Cazuela de hierro colado. Consigue el mejor pan, el que más se aproxima al hecho en un horno profesional. Al tener tapa no tienes que preocuparte por crear vapor. El inconveniente es que es algo cara y pesada; además, solo te cabe un pan por hornada, y el pan siempre tendrá la misma forma y tamaño.
10. Cesto de fermentación. Muchas masas necesitan cierto apoyo durante la fermentación para adquirir estructura. Los cestos de fermentación son útiles si haces pan a menudo. En realidad puedes sustituirlo por un bol forrado con un trapo o cualquier cesto de mimbre o plástico que tengas por casa.
11. Molde de pan. Si vas a comprar un molde, adquiere mejor dos o tres; te cuesta lo mismo hacer más masa y aprovechas el calor del horno. Congela la mitad de la producción. Usa moldes metálicos. Cuanto más pesados sean, por lo general será mejor. La silicona es una idea muy mala, ya que no transmite bien el calor.
12. Cuchilla. Cualquier cuchillo de sierra que tengas en casa es suficiente, pero el mejor instrumento es la cuchilla de afeitar.
13. Tela de lino. Lo mejor para fermentar el pan sin abusar de la harina y para que la masa no se pegue son los linos bastos de panadería. Hoy en día es fácil encontrarlos.
14. Termómetro de masa. Es importante medir lo que ocurre en la masa. Un termómetro es barato y te ayudará a aprender y mejorar.
15. Termómetro de horno. Los hornos domésticos suelen tener termostatos poco fiables. Un termómetro te puede ayudar a controlar lo que sucede en el horno.
16. Cepillo. Se trata del instrumento más insignificante, posiblemente el más barato y de una gran utilidad. La masa deja inservibles los estropajos en poco tiempo.
17. Vaporizador. Permite incorporar humedad durante la cocción. No es tan eficiente como la bandeja con piedras, consigues menos vapor y tienes que abrir la puerta.
Pero recuerda: no necesitas estas cosas para hacer un gran pan.

Preparación, mezclado y amasado

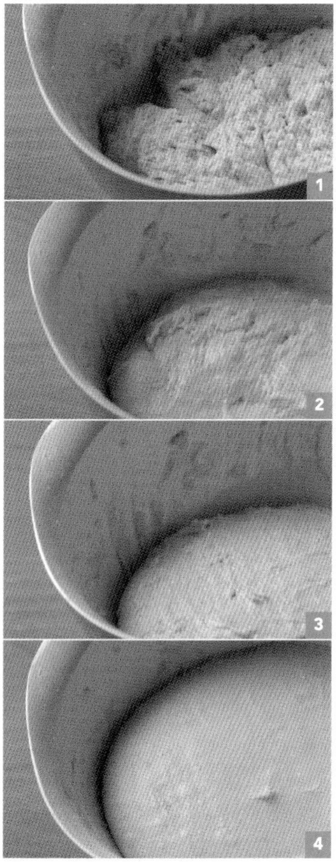

Evolución de la masa cada 10 minutos tras someterla a cinco pliegues dentro del propio bol.

El reposo amasa.

Preparación

Antes de empezar a hacer pan siempre hay que reservar un pequeño momento para la preparación de los ingredientes y los materiales. Parece una tontería, pero lo primero es asegurarte de que no te va a faltar nada, así evitas malos ratos y frustraciones. Si lees durante un minuto la receta, podrás planear cualquier paso previo, como preparar un fermento. Aunque pueda parecer tonto, es esencial leer la receta con calma y entender qué se nos pide y el papel de cada ingrediente. Más adelante verás que las recetas no son verdades escritas en piedra, sino que son adaptables a tus circunstancias. Personalmente me encantaría que llenases este libro con tus anotaciones y adaptaciones. Con el tiempo, todas esas notas te ayudarán a aprender y comprender lo aprendido.

Mezclado de los ingredientes

Hay muchas maneras de amasar, y una de ellas consiste precisamente en no hacerlo. Este es el motivo por el cual conviene que el mezclado de los ingredientes en el bol sea consistente. Tanto la sal como la levadura se incorporan directamente a la harina pero, si tienes dudas (por ejemplo, en recetas sin amasado), puedes disolverlos en líquido para facilitar su incorporación.

Amasado

Una vez mezclados los ingredientes, el gluten empieza a formarse. Lo bueno es que esto sucede incluso sin amasado. Una lección esencial es que el reposo amasa. A menudo, los panaderos caseros no dejan que la masa repose lo suficiente, e ignoran el poder del tiempo, en especial durante el amasado. Una vez mezclados los ingredientes, y antes de comenzar a amasar, acostúmbrate a dejar reposar siempre la masa. Esto hará que tengas que amasar menos. Por un lado, en cuanto se mezclan con agua, las proteínas empiezan a formar el gluten, las levaduras empiezan su actividad y la masa poco a poco va ganándose el nombre de pan. Es una costumbre muy extendida no incorporar la sal al comienzo del amasado. Por un lado, la sal proporciona rigidez

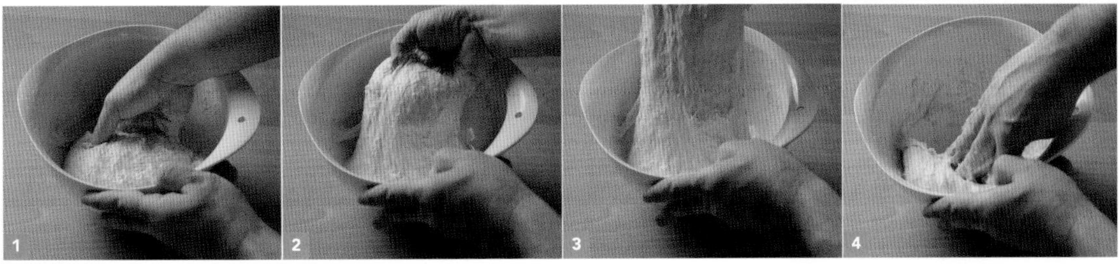

Usando la mano como una pala, estira suavemente de la masa y nota cómo te ofrece un poco de resistencia; sin estirar demasiado para no desgarrarla, pliégala sobre sí misma.

al gluten, así que si retardas su incorporación, podrás amasar menos, ahorrando esfuerzo y (sobre todo si amasas a máquina), sometiendo a la masa a menos trabajo. Por otro lado, la sal tiene un efecto retardante sobre las levaduras, así que es buena idea dejarles un poco de ventaja.

El reposo amasa. Si tienes una masa un poco húmeda y dejas que el pan repose 24 horas en la nevera, puedes prescindir del amasado. El agua y el tiempo harán que el gluten se vaya desarrollando solo, y la miga posiblemente te sorprenderá. Anímate a introducir esta técnica en otros panes. Una vez comprendido el poder del reposo, puedes añadirlo siempre en tus amasados, sea cual sea su naturaleza. En vez de estar 10 o 15 minutos amasando, ¿por qué no amasar a intervalos? Dan Lepard usa una maravillosa técnica de repetir microamasados de 15 segundos y reposos de 15 minutos. Si repites esto 3 o 4 veces, la masa estará amasada: así de simple. Si no dispones de los 45 o 50 minutos que requiere esta técnica, puedes incorporar reposos más cortos entre tandas de amasados más prolongadas. En vez de amasar 10 minutos, prueba a amasar 3 minutos, reposar 4 minutos y

Plegado de una masa.

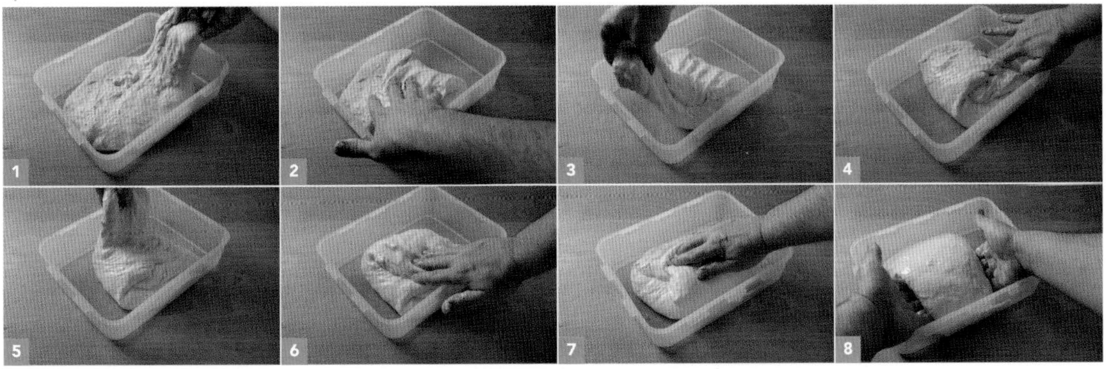

Plegado de una masa en un contenedor; se pliega sobre sí misma como si fuera un tríptico.

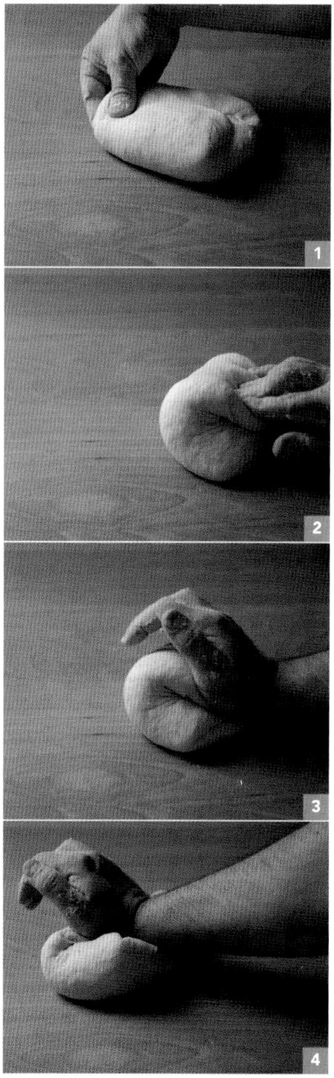

Movimiento de amasado para una masa sólida: con una mínima fuerza, se pliega y se hacer rodar sobre la mesa.

Amasado de una masa sólida.

volver a amasar 3 minutos. Observa las fotografías del desarrollo de la masa en pequeños amasados y reposos (página 38).

¿Cuánto amasar?

No hay una respuesta precisa. Para empezar, porque las harinas varían, como se ha visto en el apartado dedicado a los ingredientes. Una harina floja o un trigo antiguo como la espelta necesitan menos amasado que un pan con harina de gran fuerza. No obstante, puedes observar fácilmente que la masa va mejorando. Lo que queremos es que al final del amasado el gluten se haya desarrollado y que más tarde pueda hincharse con el gas de la fermentación y crear una miga esponjosa. Es normal que al principio tus panes sean algo más densos, igual que ocurre cuando aprendes a cocinar un plato.

Una idea importante es que cuanto más larga vaya a ser la fermentación, puedes permitirte amasar menos, ya que el propio reposo acabará de completar el amasado. Además, durante el reposo puedes plegar la masa, lo que contribuirá a mejorar su estructura. Si quieres hacer un pan rápido, intenta que la masa esté bien amasada. Una masa de harina blanca una vez lista debería estar sedosa cuando deslizas un dedo por encima.

Amasar mediante pliegues

El pliegue es la herramienta básica para manipular la masa. Con ella puedes amasar, dar cuerpo a la masa, incluso formarla. Contra lo que pueda indicar el nombre, no es solo plegar la masa, sino estirarla antes para desarrollar el gluten y hacer que la tensión que has creado se vaya incorporando a ella (secuencia de la página 39, arriba). Si la masa está muy pegajosa, puedes usar un poco de agua o aceite para que el trabajo sea más fácil. Intentando no apretar demasiado la masa, coge un extremo de la misma y estíralo con suavidad; notarás una leve resistencia (es la elasticidad de la masa). Una vez la hayas estirado, pliégala como si cerraras un paquetito. Puedes imaginar que la masa es un folio que quieres doblar como un tríptico para meterlo en un sobre: primero estiras y pliegas un tercio, y luego estiras y pliegas el tercio restante para obtener una masa homogénea (secuencia de la página 39, abajo). Puedes hacer esos dos pliegues, girar la masa 90° y repetir los pliegues, lo que tensionará la masa. Puedes plegar la masa sobre la mesa, una bandeja o incluso amasar-

Incorporación de frutos secos.

Amasado francés.

la sin tan siquiera sacarla del bol: tan solo pliégala 5 o 10 veces, espera 15 minutos, repite este ciclo 3 o 4 veces y estará lista.

Amasar una masa sólida

Para amasar una masa sólida hace falta muchísima menos fuerza de la que imaginas. Lo que hacemos es plegar la masa sobre sí misma (1) y hacerla rodar sobre la mesa (2), presionando muy ligeramente, con la fuerza que usaríamos para hacer rodar un rotulador grueso (3 y 4). Observa las imágenes de la secuencia de la página 40 y descompón los gestos. Puedes aprovechar y rotar la masa con la otra mano, obteniendo así un movimiento continuo. Si tienes una masa grande, usa las dos manos para un gesto similar. Esta técnica te vendrá bien para masas cercanas al 60 % de agua y más secas.

Amasar una masa líquida

Como hemos visto en el apartado del agua, es muy normal que algunas masas sean muy húmedas y se peguen sin remedio a las manos. Esta técnica, también denominada amasado francés, es ideal para esas masas. Aprovechamos que la masa se adhiere a la mesa para conseguir un poco de tensión que nos permita plegarla y que vaya ganando consistencia a medida que se desarrolla el gluten. Aprieta los dedos de las manos (para que la masa no pueda entrar entre ellos y se pegue) y úsalas como si fueran palas (1). Desliza las dos manos bajo la masa hasta que se toquen (2). Utiliza los pulgares y, de un tirón seco y fuerte, levanta la masa de la mesa (3). Al principio puede que te cueste, pero con un poco de práctica y confianza, levantarás toda la masa de una sola vez. Una vez la tengas entre las manos, golpéala contra la mesa (4); al hacerlo, utiliza la adherencia que has creado para tirar un poco hacia ti (5), y plegar la masa sobre sí misma lanzándola hacia delante (6 y 7) y liberándola de tus manos de un golpe seco (8).

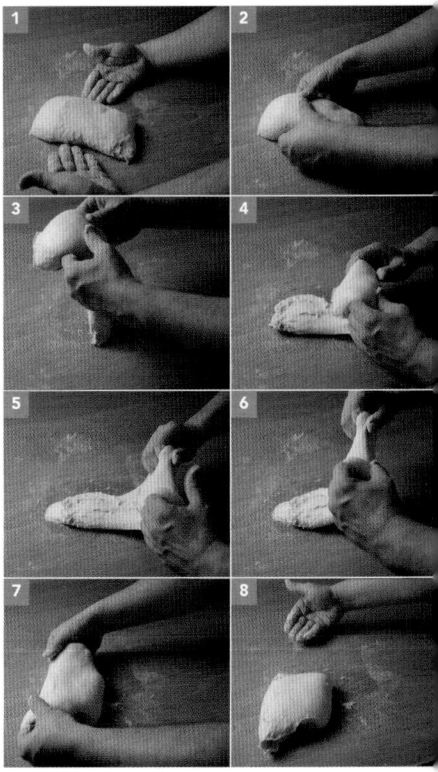

Movimiento de amasado para una masa líquida: se levanta de un golpe seco, se lanza contra la mesa y se estira para plegarla finalmente.

Incorporar ingredientes sólidos

Por norma general, es mejor que esperes a que la masa esté amasada si quieres incorporar ingredientes sólidos como semillas, frutos secos, etcétera. Cuando la masa esté fina, incorpora los ingredientes sólidos. Una manera sencilla es estirar la masa hasta formar un gran rectángulo y poner los ingredientes sobre el mismo, presionando para que se adhieran. Después, simplemente tendrás que cortar capas y superponerlas como una lasaña, para que los ingredientes se repartan de manera homogénea.

Una manera efectiva de incorporar ingredientes sólidos tras el amasado es disponerlos sobre la masa estirada y cortarla en capas y superponerlas, como un milhojas.

Boleado.

Formado

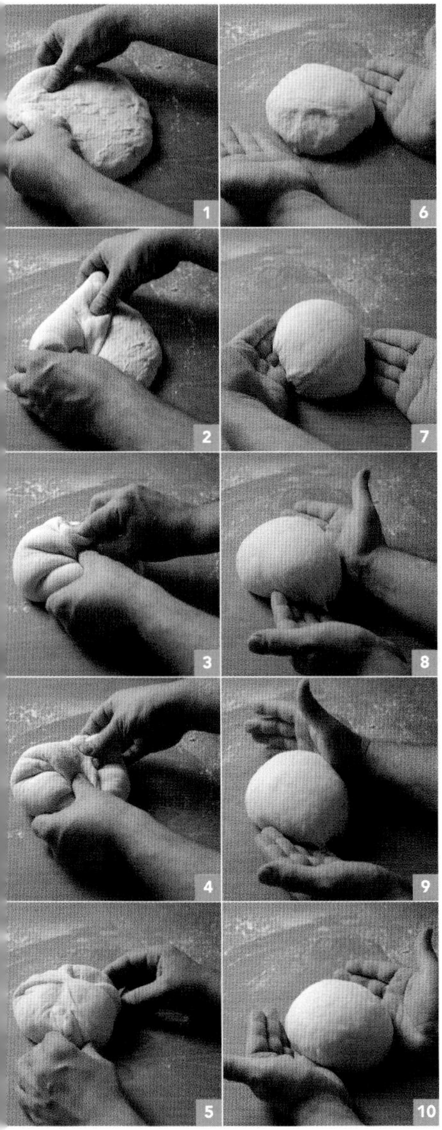

Una vez fermentada la masa, se recoge en un hatillo y se bolea dándole tensión.

Tras la primera fermentación, que hace que la masa esté repleta de gas y de aromas, damos al pan la forma definitiva con la que se va a meter en el horno. En el caso de que vayamos a hacer varias piezas pequeñas a partir de la misma masa, este es el momento en el que pesamos y dividimos la masa. Una idea importante que hay que tener en cuenta para casi cualquier formado es que antes de formarla, a la masa le vendrá bien un preformado. Este formado previo preparará la masa, hará que su textura sea más homogénea y corregirá fallos en el corte o pesado (como que la masa esté formada por muchas piezas pequeñas). En el preformado podremos o bien bolear someramente la masa o bien avanzar lo que será la forma final. Por ejemplo, si quieres hacer una barra, puedes preformar haciendo un pequeño rulo con la masa. Una idea importante es dejar que la masa repose entre el preformado y el formado. Cada receta te indicará un tiempo orientativo, pero unos 15-25 minutos son un tiempo adecuado para la mayoría de masas.

Antes de comenzar, divide el espacio de trabajo en dos zonas. Por un lado, cubre con una fina capa de harina la zona más lejana a ti; no espolvorees mucha harina como si echaras sal; por el contrario, coge una pizca de harina y échala sobre la mesa con un golpe seco y rápido de muñeca. Así tendrás una capa fina y homogénea de harina, no pequeños montones. Por otro lado, reserva sin harina la parte de la mesa más cercana a ti. Aquí podrás trabajar la masa sin miedo a abusar de la harina. Si adviertes que la masa se pega demasiado a la mesa o a tus manos, puedes recurrir a la harina que has dejado en la parte más lejana, pero, por lo general, intenta no abusar de la harina en el formado. Un exceso de la misma podría introducirse en los pliegues o el sellado de la masa mientras formas.

Boleado

Tras la primera fermentación, saca la masa del bol con cuidado y haz un hatillo con ella intentando incorporar tensión al paquetito que estás construyendo con tus manos. Ve llevando la parte exterior de la masa hasta el centro, estirándola y aprovechando la tensión que se produce para conseguir un hatillo con un poco de cuerpo (1-5). Si quieres que el pan conserve algo de la alveolatura creada durante la primera fermentación, ten cuidado de no aplicar demasiada fuerza y

Formado de un barrote.

desgasar por completo la masa. Por el contrario, si deseas una miga homogénea y de alveolos regulares, desgasa la masa con intensidad y boléala con mano firme. Una vez tengas el hatillo, dale la vuelta sobre la mesa (6): evita que haya harina o la masa resbalará y no conseguirás crear tensión. Lo que queremos es que la masa llegue a adherirse muy poco a la mesa para que esto te proporcione control sobre ella y te permita aplicarle la tensión adecuada. Usando tus manos como paletas, inclínalas con las palmas hacia arriba y manipula la masa de forma oblicua (7). Cuando llegues a tocar la masa, comienza un movimiento circular de tal manera que la bola de masa gire sobre un eje imaginario hasta que consigas, con una o dos vueltas, que adquiera una forma homogénea y con tensión (8-10). Para hacer una hogaza redonda, la masa ya estaría formada. Solo tendrías que dejarla fermentar sobre una tela enharinada o bien en un bol forrado con un trapo enharinado (en el caso de que la masa sea algo húmeda) para evitar que se venga abajo durante la fermentación.

Formado de un chusco o barrote

Después de haber boleado la masa, espera al menos 15 o 25 minutos antes de comenzar a formar, puesto que de esta manera podrás trabajar con más comodidad y el pan quedará mejor, tanto su miga como su forma. Tras el reposo, la bola se habrá aplanado y tendrá un aspecto de disco (1). Enrolla un tercio de ese disco hacia ti y presiona suavemente con los dedos pulgares para sellar (evita introducir harina aquí). Al sellar con los dedos pulgares, intenta crear un poco de tensión en la parte exterior de la masa más alejada a ti (2). Vuelve a enrollar la masa otro tercio hacia ti, sellando con los pulgares y dejando apenas un labio de masa de unos 2 cm (3). Finalmente, enrolla una vez más el resto de la masa y aprieta el último pliegue contra la mesa para sellarlo bien, como si fuera una empanadilla (4). Haz rodar la pieza por la mesa, empezando con una suave presión en el centro que se acentúe a medida que vayas llegando a los extremos del pan, como si le quisieras sacar punta (5). Es importante que tengas siempre claro dónde está el pliegue de sellado o clave (6).

El momento del formado es breve, pero su importancia es esencial para garantizar unos resultados que sean buenos y homogéneos. Bolear y formar es algo que se va mejorando con el tiempo y la práctica. En cualquier caso, observa siempre con detenimiento la masa, su estado y su tacto, y memoriza las sensaciones para la siguiente vez. Encontrarás formados específicos (barra, molde, trenza, etcétera) en las páginas dedicadas a cada receta.

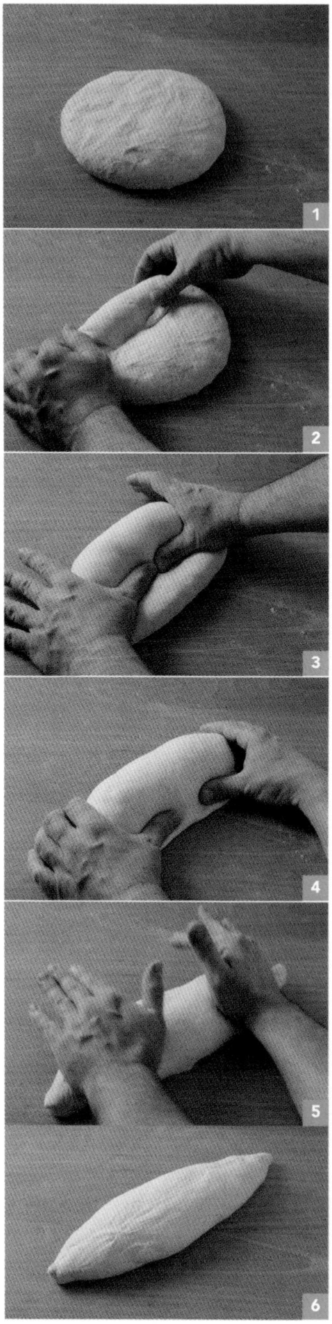

Formado de un barrote.

Fin de la fermentación y el horneado

¿Una o dos fermentaciones? ¿Cómo y por qué?

Cuando una masa fermenta, se hincha por la labor de las levaduras y bacterias. Si continúa fermentando sin control, se deshinchará como un globo pinchado. Si la masa se desmorona cuando la vas a meter en el horno, lo más probable es que esté sobrefermentada. No obstante, hemos visto que para que el pan tenga sabor, aroma y conservación es importante una larga fermentación. ¿Cómo consigues una fermentación más larga sin correr el riesgo de que la masa entre en el horno exhausta? Con el tiempo, los panaderos han aprendido que en lugar de dejar que su pan fermente durante mucho tiempo y meterlo en el horno, es mejor intervenir a medio camino y manipular la masa. Este momento se aprovecha para desgasarla y eliminar el exceso de alcohol y gas, que tienen medio atontadas a las levaduras y bacterias. Es entonces cuando el panadero aprovecha para formar el pan y darle tensión para que aguante la segunda fermentación y su paso por el horno. Se suele decir que en la primera fermentación es cuando se crea el alma del pan, su aroma y sabor, y que no hay que ser tacaño con ella. Es buena idea usar la nevera: se deja la masa durante una noche y el pan tendrá un gran sabor. Además, esa fermentación prolongada es una forma de conseguir una buena textura de la miga y un bonito alveolado.

Por otro lado, cuando usas un trozo de masa ya fermentada para hacer pan, introduces sabor y aroma. Si empleas una gran cantidad de fermento o madre, el esquema de dos fermentaciones varía: puedes permitirte una primera fermentación más corta (o incluso omitirla) sin que el pan carezca de sabor. Así, mientras que la segunda fermentación tiene el límite «estructural» de la masa (que acabará deshinchándose si transcurre demasiado tiempo), la primera la puedes alterar dependiendo de si deseas un pan más o menos sabroso (o según tus necesidades de tiempo). Si, por ejemplo, la masa madre te ha quedado algo más ácida de lo deseado, puedes dar una primera fermentación más corta; si fuese muy larga, la acidez llegaría a imponerse demasiado.

Como norma general, cuanto más larga sea la primera fermentación, más corta puede ser la segunda. Lo que queremos de un pan es que sea esponjoso y sabroso: una masa hinchada y aromática necesita que la horneen pronto. Si has estado fermentando una masa durante mucho tiempo, estará hinchada y floja; si la metieras en el horno así, el pan no quedaría demasiado bien. En ese caso puedes formar con mucha delicadeza y dar una segunda fermentación muy corta, como en el caso del pan de la página 74.

El tacto de una masa fermentada nos da información sobre su estado.

Tras la segunda fermentación, ¿cómo saber cuándo está listo el pan para introducirlo en el horno?

Cada pan es diferente. Una barra tiene que meterse en el horno con la fermentación justa, para que se abra una bonita greña. Por el contrario, un brioche tendrá que entrar en el horno bastante hinchado, para tener una gran esponjosidad. Es confuso hacer un discurso fijo del tipo «deja que fermente hasta que el pan doble su volumen». Es mejor pensar en cada perfil de pan y observar la masa. Para ello propongo que uses tres indicadores.

El tacto. Durante la última fermentación es habitual tocar la masa para saber cómo está. En la mayoría de los panes la masa tendría que notarse hinchada y llena de gas. Si aprietas con el dedo, la masa tendría que recuperarse en unos pocos segundos dejando una leve marca. Esto es algo confuso y requiere de mucha práctica; además puede ser totalmente inadecuado si fermentas los panes en la nevera, ya que los sacarás del frigorífico duros como una piedra. Toca todas las masas y ve aprendiendo sus puntos, pero no confíes solo en el tacto.

El volumen. Es muy común escuchar el viejo consejo del doble de volumen y, sin embargo, si dejas que las barras doblen su volumen, lo más normal es que no se abran al cortarlas, ya que la fermentación habrá sido excesiva. Los panes que tienen que abrirse y estallar (como un *pa de pagès* catalán) se meten en el horno algo justos de fermentación, mientras que un *panettone* se introduce en el horno una vez que casi ha cuadruplicado su volumen. Sigue las indicaciones de la receta y esfuérzate por entender el perfil de cada pan. Como truco para comprender la fermentación, consigue un viejo bote de anchoas (alto y estrecho) e introduce en él un pequeño trozo de la masa del pan para seguir la fermentación. Al llenar las paredes del bote y crecer, la masa te dirá exactamente cuánto ha crecido. Usa este «testigo de fermentación» durante tus primeras pruebas, compara el tacto de la masa y la evolución del testigo: es una gran manera de aprender.

Un botecito estrecho de cristal se puede convertir en un eficiente testigo de fermentación para saber con detalle la evolución de la masa.

El corte. Es la tercera y definitiva prueba que valida o refuta las dos anteriores. Haz un corte en la base del pan (si lo tienes boca arriba

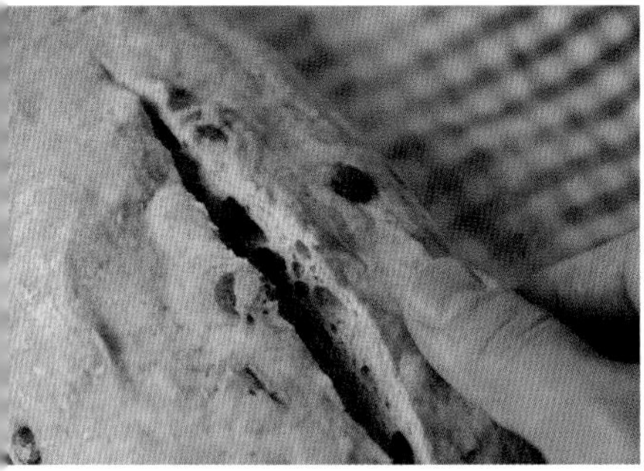

El corte de una masa fermentada revelará la estructura de la miga ya formada.

en un cesto, por ejemplo) y observa su interior. La miga del pan se hace fuera del horno; en el horno solo se expande y se asienta. Así que una masa de pan lista para introducirse en el horno tendría que mostrarte su miga si practicas un corte. Es la mejor manera de saber si el pan está listo, especialmente cuando fermenta en la nevera y sale de allí duro por la baja temperatura.

Horneado

El momento del horneado es el más mágico del proceso de elaboración de pan. Observar con la cara pegada al horno cómo todo el trabajo cristaliza en una bella hogaza es una experiencia que te cambia la vida. Aunque los hornos domésticos no están diseñados para hacer pan, puedes conseguir unos panes fantásticos con un par de nociones básicas. Los termostatos de estos hornos no son muy fiables, toma sus indicaciones con cautela. No es estrictamente necesario, pero puedes usar un termómetro de horno si ves que los panes no quedan según lo esperado. En cada receta tienes los tiempos y las temperaturas de horneado; salvo que se indique lo contrario, no uses el ventilador del horno (el turbo), ya que secará la corteza con rapidez e impedirá la expansión de la masa.

El pan solo crece durante los primeros minutos del horneado: dependiendo del pan, entre unos 5 y 20 minutos. Durante estos primeros minutos es importante que haya humedad en el horno para que el pan pueda crecer; de lo contrario, la corteza se seca e impide que el pan crezca. Muchos de los males del pan se deben a la falta de humedad durante esos primeros minutos (panes que no se abren bien; greñas que quedan cerradas; panes que revientan por donde no deberían; panes pálidos y mates). Obsesiónate por crear humedad durante esos primeros minutos. La manera más sencilla de lograrlo es poner en la base del horno una bandeja metálica y verter sobre ella medio vaso de agua nada más meter el pan en el horno. El efecto se mejora si llenas la bandeja de algo que multiplique su capacidad de crear vapor, como piedras, tuercas, etcétera. Si el ambiente se queda seco, puedes abrir la puerta sin temor y volver a verter medio vaso de agua en la bandeja, pierdes algo de calor y vapor, pero no ocurrirá nada. También puedes usar un vaporizador para añadir cierta humedad en el horno, pero es mucho menos eficaz, puesto que se pierde mucho calor y su vapor se disipa con rapidez.

Mientras que un horno de piedra transmite el calor por todos los lados, un horno doméstico solo lo hace por dos lados: la resistencia superior y la inferior. Además, transmite el calor de manera fluctuante (se enciende y se apaga). Cuando las resistencias están encendidas pueden ser muy agresivas, especialmente el grill, ya que puede hacer que la corteza del pan se seque y no se abra. La solución es sencilla: si tu horno lo permite, durante los 10 o 15 primeros minutos del horneado, usa solo la resistencia inferior. Transcurrido ese tiempo, retira la bandeja de agua de la base del horno, vuelve a poner el calor arriba y abajo y continúa con una temperatura menor a la inicial, de lo contrario el pan se quemaría antes de lo previsto. Si tu horno no te permite poner solo la resistencia inferior, una técnica tan efectiva como sorprendente es calentar el horno a unos 250 °C, meter el pan, crear el vapor vertiendo el agua en la bandeja, apagar el horno y mantenerlo apagado durante los primeros 10 minutos de horneado. Así la resistencia no secará el pan y podrá crecer sin impedimento alguno. Transcurridos esos 10 minutos, el horno habrá descendido hasta los 200 °C; simplemente enciende el horno y continúa la cocción como se indica en las instrucciones anteriores.

Después de esos minutos cruciales, una vez que has retirado la bandeja del agua y has bajado la temperatura, el pan continúa cociéndose hasta el final. Para mejorar su corteza puedes hacer varias cosas. Por un lado puedes prolongar la cocción más de lo indicado. El pan no es como el pescado o el arroz, que deja de estar en su punto en pocos minutos. Si tu horno no consigue unas buenas cortezas en el tiempo indicado, concédele otros 10, 20, 30, 40 minutos hasta que obtengas el resultado deseado. Para conseguir una corteza que permanezca crujiente durante mucho tiempo, una buena idea es dejar el pan en el horno una vez apagado con la puerta entreabierta durante unos 20 o 30 minutos.

Verter un vaso de agua sobre una bandeja caliente situada en la base del horno crea un ambiente húmedo, muy propicio durante el primer tramo del horneado. Si la bandeja contiene algún sólido, el efecto mejora.

Piedras de hornear y cazuelas

Los hornos domésticos no se inventaron para cocer pan. Para mejorar su comportamiento puedes incorporar algún elemento que retenga el calor y lo transmita al pan directamente: piedras de hornear, chapas metálicas o cazuelas de hierro colado. Estas últimas son tal vez la manera de conseguir el mejor pan desde el punto de vista del horneado. En cualquiera de los casos, tienes que sumar a su coste el tiempo que tardan en calentarse. Todos los panes de este libro se han hecho sin piedra ni más ayuda que una bandeja para el agua llena de piedras (salvo la excepción de la receta del pan en cazuela, obviamente).

Anímate a hacer siempre dos o tres hogazas, no metas un solo pan en el horno; así aprovecharás al máximo la energía.

Corte

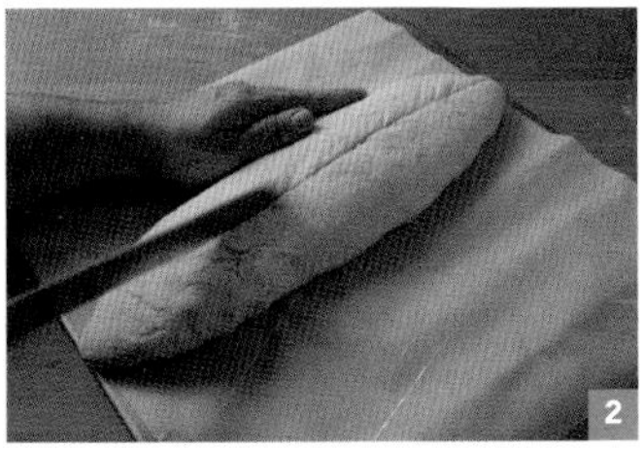

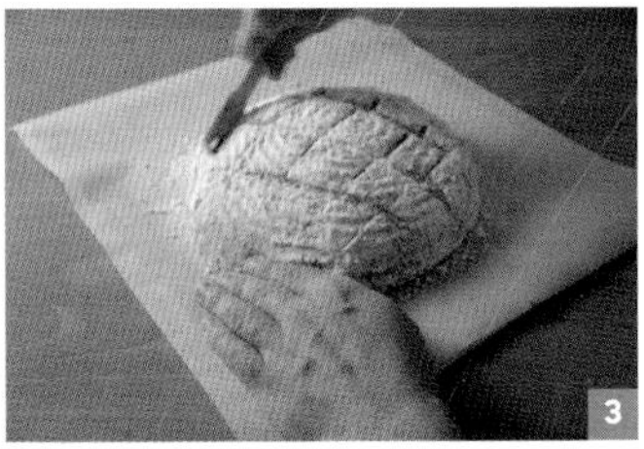

1. Corte oblicuo.
2. Corte vertical único.
3. Corte vertical decorativo.

Corte de una barra.

Cortar el pan antes de meterlo en el horno es una necesidad hecha virtud: ayuda a que crezca mejor. El corte, la apertura o greña se hace para facilitar la expansión del pan y para que se abra por una zona determinada. Sin nuestra ayuda, el pan se hincharía y explotaría. De hecho, puedes hacer que el pan consiga una bonita apertura, llamada *greña,* mediante otras técnicas, como, por ejemplo, haciendo que dos bolas de masa se toquen, o simplemente dejando que el pan estalle a su aire. En cualquier caso, muchos de los panes de nuestra cultura requieren un corte antes del horneado. Curiosamente, el gesto del corte es casi lo que menos importancia tiene para que el pan se abra por ahí: el punto de fermentación es esencial. La mayoría de las veces, el pan no se abre porque está pasado de fermentación antes de meterlo en el horno y no le quedan ya fuerzas para hincharse más. Por otro lado, un horno seco dificultará la expansión del pan y que el corte se abra de manera adecuada. Por último, el formado de la pieza también es decisivo; si esta no tiene una tensión homogénea, sin fisuras ni puntos débiles, puede que se abra por donde no debe.

Para cortar el pan lo mejor es una cuchilla de afeitar, pero en casa puede resultarte útil cualquier cuchillo de sierra (el cuchillo del pan es sorprendentemente efectivo). Para crear una greña espectacular prueba a efectuar el corte con la cuchilla inclinada; de ese modo crearás un corte que penetrará en la masa en forma de cuña y conseguirás que la parte superior tire de manera violenta durante el horneado, como en una barra (página 88) o en el pan de la página 74.

Para cortar una hogaza, incide con la cuchilla a 90° en vertical sobre la superficie del pan, ya que de este modo el corte se abrirá de manera simétrica. Para una masa de trigo, el corte no tiene por qué ser especialmente profundo, tan solo desliza la cuchilla por la superficie desgarrando un milímetro; en el caso de panes más densos, como el de centeno, puedes cortar a más profundidad y facilitar su expansión.

No obstante, por más que hayas hecho tu pan con una idea de corte, adáptate a las circunstancias. Un pan pasado de fermentación no se abrirá mucho: aprovecha y haz cortes más decorativos (como una rejilla o una letra). Para un pan poco fermentado, intenta hacer un corte limpio y central para que el pan alcance su máxima expansión, como el pan de Kamut® de la página 160.

Proceso básico de elaboración del pan

En las páginas anteriores hemos visto las ideas básicas para entender los fundamentos de la panificación y obtener unos buenos resultados, comprendiendo mínimamente lo que haces e incorporando variaciones y corrigiendo errores. Antes de presentar las recetas, he aquí un breve repaso con unas últimas consideraciones.

1. Preparación. Una buena preparación evita sorpresas de última hora. Piensa que la mayoría de los grandes panes conllevan cierto trabajo previo, normalmente la elaboración de un fermento.

2. Mezclado. Como hemos visto, el amasado no es lo mismo que el mezclado. Es importante mezclar de manera homogénea para que el reposo posterior funcione y nos proporcione todas sus ventajas.

3. Amasado. No hay una única manera de amasar; existen muchas opciones: usa la que más se adapte a tu gusto, tus horarios y el estado de la masa. Recuerda que el reposo amasa.

4. Primera fermentación. Una buena fermentación crea el alma del pan, lo dota de aroma, sabor y conservación. No mires el reloj, escucha a tu masa. Deja que tu pan fermente, pero no que te esclavice. Usa la nevera siempre que quieras.

5. Formado. El formado es un paso breve pero de crucial importancia. Cada clase de pan tiene un tipo de formado. Piensa en cómo es tu masa y qué quieres de ella y manipúlala para obtenerlo.

6. Segunda fermentación. Una vez formada, la pieza puede fermentar a temperatura ambiente o en la nevera. En cualquier caso, esta fermentación tiene un límite físico: el de la estructura de la masa; observa su estado y deja que sea ella la que te diga cuándo ha de ser horneada.

7. Corte. El corte es una necesidad hecha virtud. Observa la masa. Piensa que tan importante o incluso más que el corte es el punto de fermentación, la humedad en el horno y el formado.

8. Horneado. Céntrate en crear humedad durante los primeros minutos de la cocción; usa una bandeja metálica con piedras o tuercas. Después, no tengas miedo en prolongar los tiempos de cocción: el pan no es un arroz que se vaya a pasar por dos minutos de más.

9. Enfriado. El pan caliente no es malo, pero no sabe a pan. Deja que se enfríe en una rejilla antes de comerlo; lo disfrutarás más.

El pan es un alimento y las recetas son meros útiles: lo que más importa es el gozo de elaborarlo y compartirlo con la gente que quieres.

Recetario de panes

Tal vez este sea uno de los pocos libros que invite a no seguir las recetas que presenta. Por supuesto, las 32 fórmulas de las siguientes páginas están pensadas para elaborarlas en casa. De hecho, cada una contiene fotografías donde se ilustra el proceso paso a paso, de manera que prácticamente se pueden preparar sin necesidad de leer las recetas. Todas tienen una imagen de cómo ha de quedar la masa de húmeda (y tu mano de pegajosa o seca), de cómo queda tras el amasado, del formado y la manipulación, de la miga, etcétera. No obstante, estas recetas son meras ideas; su valor reside en presentar los conceptos básicos de la panificación y proponer variaciones. Al final de cada receta se invita a reflexionar sobre lo que se ha aprendido con ella y cómo se puede modificar.

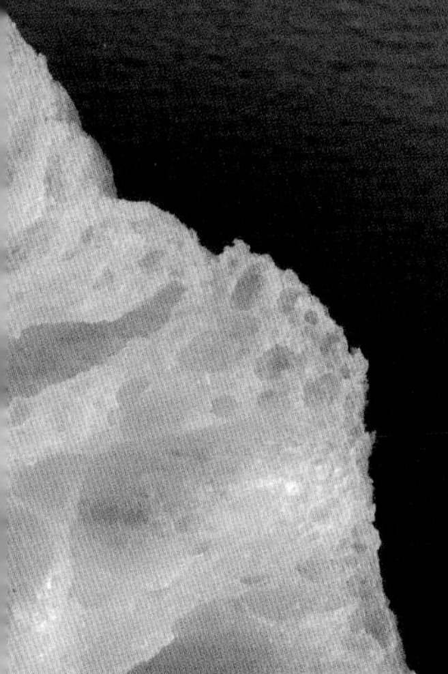

Recetario: entender la fermentación

El primer capítulo del recetario consta de 8 recetas y trata de presentar los distintos métodos de fermentación: con levadura, con madre de levadura, con masa madre natural, mezclando los anteriores y, finalmente, cómo elaborar panes sin levadura. Las siguientes recetas presentan cantidades variables de fermento, desde porciones mínimas a recetas con más fermento que harina. Con esta base, podrás enfrentarte a cualquier reto fermentativo y crear panes que se adapten a tu gusto y a tus horarios. En total, el recetario presenta 13 recetas con levadura, 9 con madre de levadura, 8 con madre natural y 2 sin levadura. Entender la fermentación es el primer paso para hacer grandes panes.

Pan sencillo sin amasado

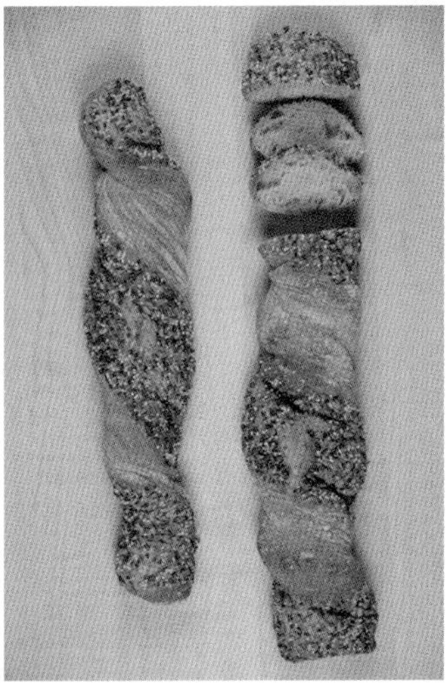

El primer problema al que nos enfrentamos cuando empezamos a hacer pan es el amasado. La sensación de impotencia puede ser frustrante. La primera lección que vamos a aprender es que el reposo amasa. Mientras aprendes a amasar con las técnicas que se han explicado en el primer capítulo, disfruta de este pan. Sencillamente vamos a dejar que el tiempo haga su labor. Para que esta técnica funcione, es necesario que la masa tenga una buena cantidad de agua, así que no tengas miedo de incorporar más agua de la que indica la receta. Tras un día en la nevera, el gluten de la masa se va formando solo y, lo que es mejor, el pan gana en aromas, sabor, conservación y corteza (todos ellos efectos del reposo en frío).

Este pan nos enseña que el reposo hace el pan: da sabor y facilita el amasado. La mayoría de los panes rústicos de este libro pueden permanecer en reposo durante una noche en la nevera: obtendrás hogazas repletas de sabor y con una larga conservación. Esto es lo que hacen muchas de las grandes panaderías de las que se hablará más adelante. El frío es el gran secreto de muchos panes.

Para que sea aún más fácil, en la elaboración de este pan no hay que saber formar, así que no hay excusa. Simplemente tienes que cortarlo en forma de lengua y retorcerlo sobre un lecho de sabrosas semillas. La relación esfuerzo/satisfacción de este pan es muy ventajosa. Disfrútalo y haz todas las variaciones que se te ocurran. Tan solo recuerda lo siguiente: bastante agua en la masa, un día en la nevera y un horneado generoso.

4

5

6

Ingredientes (para dos barritas)	
Harina panificable	475 g
Harina integral	25 g
Agua (66 %)	330 g
Sal	10 g
Levadura fresca	5 g (o 1,5 g de levadura seca)
Mezcla de semillas (girasol, lino, sésamo, calabaza, etc.)	150 g

Como no vas a amasar, disuelve la levadura en agua tibia (a unos 25 °C) [1]. Mezcla todos los ingredientes enérgicamente con una mano; es una buena idea mantener la otra limpia (para ir girando el bol) por si tienes que hacer alguna otra cosa. La masa quedará pegajosa; así es como tiene que ser (2). Si no lo está, añade más agua. Deja que repose 5 minutos en el bol (3) y luego dóblala una vez. Para ello, coge la masa con la mano como si fuera una pala, estírala con cuidado y dóblala sobre sí misma (4, 5).

Cubre el bol con alguna tapa hermética para que la masa no se seque una vez la hayas introducido en la nevera (puedes usar film transparente) (6). Según la temperatura del frigorífico, convendrá que lo coloques en una balda superior (si es muy baja) o en una inferior (si no enfría mucho o es una nevera que se abre mucho). La idea es que el pan se meta en la nevera con la fermentación iniciada. Al día siguiente, la masa habrá ganado volumen (7). (Si por un casual no ha crecido nada, déjala a temperatura ambiente durante una hora.) Con cuidado, da la vuelta a la masa sobre la mesa enharinada y forma con delicadeza un rectángulo (8). Corta dos piezas largas del mismo tamaño (9).

7

8

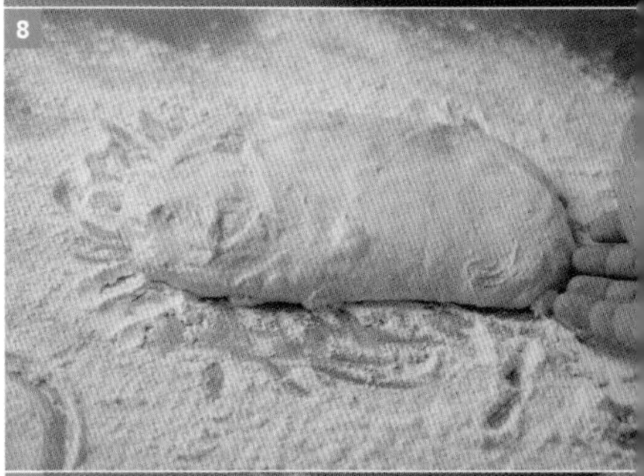

9

Para decorar las piezas, pásalas primero por un paño húmedo y luego por una capa de semillas (10), y disponlas después en una hoja de papel de hornear con cierta distancia entre ellas (11). Con delicadeza, retuerce las barras hasta crear un pan de forma helicoidal (12). Déjalas que fermenten un par de horas. Mételas al horno precalentado a 250 °C y crea un golpe de vapor ver-

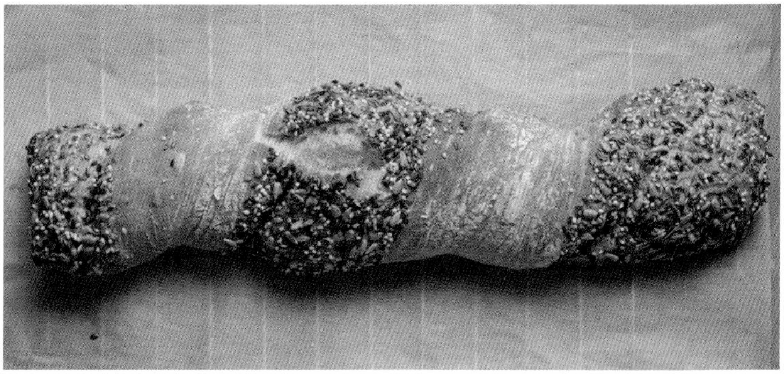

tiendo medio vaso de agua en una bandeja metálica ya caliente que habrás situado en el fondo del horno. Transcurridos 10 minutos, baja la temperatura a 220 °C, retira la bandeja y continúa la cocción otros 25 minutos. Si quieres obtener una corteza más crujiente, apaga el horno y deja que la pieza repose en el interior otros 20 minutos con la puerta entreabierta.

¿Por qué es interesante esta receta?

Nos enseña que el reposo amasa. Esta lección la puedes usar así, sin más, o bien introducir pequeños reposos en el amasado. Nos muestra cómo la nevera da calidad al pan: otorga aroma, sabor, conservación, estructura de la miga y corteza. Es el pan más fácil. Si nunca has hecho pan, atrévete con él.

Variaciones

En esta receta he puesto una pequeña cantidad de harina integral para realzar el sabor del pan, pero puedes usar más harina integral, semillas, edulcorantes, frutos secos, etcétera. No hay límite. No modeles la pieza solo en forma de barra: atrévete a hacer hogazas o bien añade 400-420 g de agua y haz unas chapatas sin amasado.

Pan con masa vieja en cazuela

Un pedazo de masa de la hornada anterior: esta es la manera más clásica de fermentar en la mayoría de las panaderías. Lo más seguro es que el panadero de al lado de tu casa haga algo parecido. En casa, como no haces pan cada día, no es la más habitual, pero es un buen modo de reciclar restos de masa olvidados en la nevera. En cuanto a proporciones, este es posiblemente uno de los panes blancos más comunes. Se usa una pequeña cantidad de masa vieja a modo de madre, lo cual da un sabor suave, que tal vez reconozcas. La masa vieja proporcionará un fondo de aroma y sabor, y hará que este pan sepa y huela a pan del bueno.

Con este pan puedes hacer barras u hogazas; puedes fermentarlo a temperatura ambiente de una vez o bien meter la masa en la nevera durante una noche. Puedes hacerlo tranquilamente en tu horno pero, para introducir una técnica de horneado efectiva, prueba a utilizar una cazuela (lo mejor son las pesadas ollas de hierro colado, pero valdrá cualquier cazuela que no tenga plástico). La cazuela imita de una manera muy buena a un horno de verdad, transmitiendo mucho calor de manera homogénea y uniforme. Además, como la cazuela es hermética, la propia humedad que libera el pan al hornearse es suficiente para que aumente de tamaño a placer; no necesitas añadir humedad adicional como se suele hacer con el resto de los panes. Esta manera de hornear hará que incluso un pan un poco mustio alcance volumen y esponjosidad, y además conseguirás una gran corteza. El único problema es que solo cabe una cazuela por hornada y que el pan siempre es de la misma forma y tamaño.

Ingredientes	
Masa vieja	100 g*
Harina panificable	500 g
Agua (63-66 %)	325-340 g
Sal	10 g
Levadura fresca	0,5 g (0,2 g de levadura seca)

* Si no tienes, puedes hacer una con 65 g de harina, 35 g de agua y 2 g de levadura.

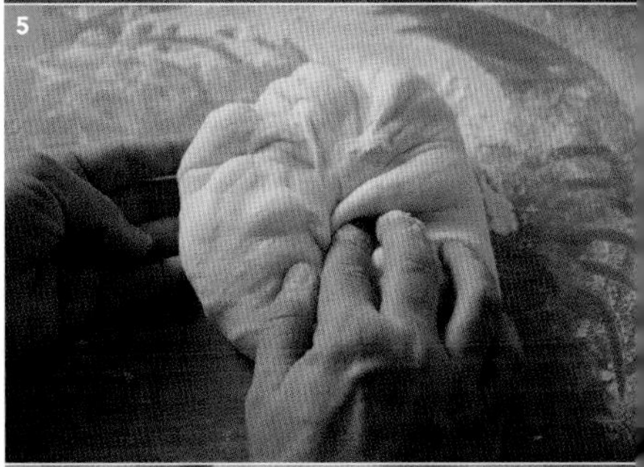

Saca el trozo de masa vieja de la nevera; no importa si no está lleno de burbujas (1) o si parece algo tristón en el fondo del frigorífico desde hace días. Mezcla los ingredientes, excepto la sal, y déjalos reposar media hora. La masa tiene que quedar ligeramente pegajosa (2); si no se adhiere a las manos, añade un poco más de agua.

Transcurrida la media hora, incorpora la sal y amasa. Dependiendo de la capacidad de absorción de la harina, tal vez puedas amasar sobre la mesa, como se muestra en la secuencia de la página 40, doblándola una y otra vez sobre sí misma (si está poco pegajosa), o bien, si está algo pegajosa, usar el amasado para masas líquidas, o amasado francés, que hemos visto en la página 41. Puedes amasar de una vez unos 10 minutos, o bien hacer dos o tres intervalos de un minuto de amasado y cinco de reposo. La masa tiene que quedar suave y sedosa (3).

Unta un bol con un poco de aceite y deja fermentar unas tres horas (dependerá de la temperatura), hasta que la masa se haya hinchado bastante y esté fofa, como un edredón nórdico (4). Pásala a la mesa ligeramente enharinada y haz un hatillo con la masa (5); dale la vuelta apoyándola sobre el punto de unión del hatillo y boléala suavemente (6), sin apretar, como si estuvieras jugando; no queremos que pierda el aire que ha atrapado, y su última fermentación no va a ser muy larga. Déjala reposar boca abajo (apoyada sobre el doblez) en la mesa enharinada durante una hora (7).

Mientras tanto, calienta el horno a 250 °C, con la cazuela y la tapa dentro; quita el asa de la tapa si es de plástico y llena el orificio con papel de aluminio o algo similar (8). La masa habrá caído un poco, pero estará blanda y esponjosa. Con

7

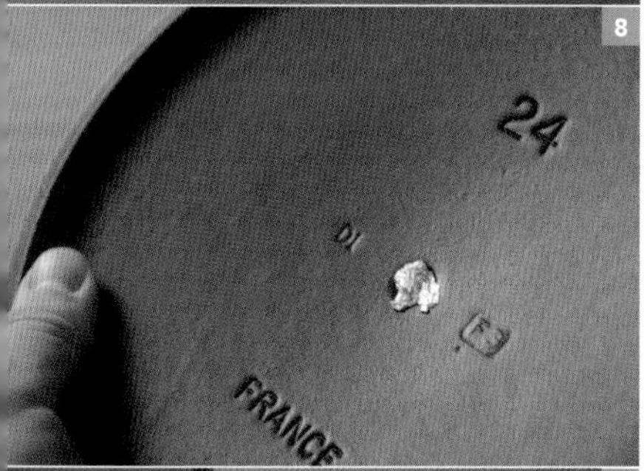

8

9

10

mucho cuidado de no quemarte (utiliza una manopla o un trapo), saca la cazuela y la tapa del horno y mete el pan en la cazuela con el doblez hacia arriba de un rápido golpe (9). Tápala y métela en el horno. Ten la tapa puesta al menos 15 minutos; transcurrido este tiempo, quita la tapa (10) y continúa la cocción a 200 °C, hasta llegar a los 50-55 minutos. Una vez acabada la cocción, saca el pan y deja que se enfríe en una rejilla.

¿Por qué es interesante esta receta?

Por un lado, muestra una manera clásica de hacer pan: con la masa del día anterior (o de hace días). En este pan, la masa vieja no es tanto un fermentador como un «mejorante natural». Por otro lado, introduce la cazuela como manera de conseguir gran volumen y corteza.

Variaciones

Es igual si tienes una vieja masa de pizza de hace 5 días que nunca horneaste o un trozo de masa de centeno: este pan se puede convertir en el contenedor de reciclaje de cualquier masa. Por supuesto, puedes incorporar semillas y frutos secos, entre otras cosas.

Pan de masa madre

En esta receta vamos a usar exclusivamente masa madre natural para fermentar el pan. La masa madre natural fermenta poco a poco, lo que es bueno. Por un lado, te deja tiempo libre para hacer tus cosas y no tienes que estar pendiente: puedes despistarte y demorarte; esta lentitud hace que el éxito en cada paso (fermentación, formado, horneado) sea mucho mayor. Por otro lado, este culto a la lentitud te proporcionará algunos de los aromas y sabores más increíbles. Esta receta es una de mis favoritas; emplea madre de centeno integral, que es muy aromática, y luego harina blanca, que conseguirá darle esponjosidad. Es un pan sencillo, delicioso y de larga conservación.

Puedes hacerla de una vez: amasar, fermentar, hornear (a esto se le llama *en directo*); o bien meterla en la nevera una noche o todo un día (en este caso se le denomina *retardarlo*). Escoge lo que más se adapte a tus ritmos. En el frigorífico, el pan cogerá algo más de sabor; la corteza tendrá tonos más profundos, unas preciosas ampollitas y un aroma inigualable, y la miga ganará en consistencia.

Ingredientes	
Masa madre de centeno integral lista para usar (1)	150 g*
Harina panificable	500 g
Agua (66-68 %)	310-320 g
Sal	10 g

* Para obtenerla, consulta las páginas 30-33.

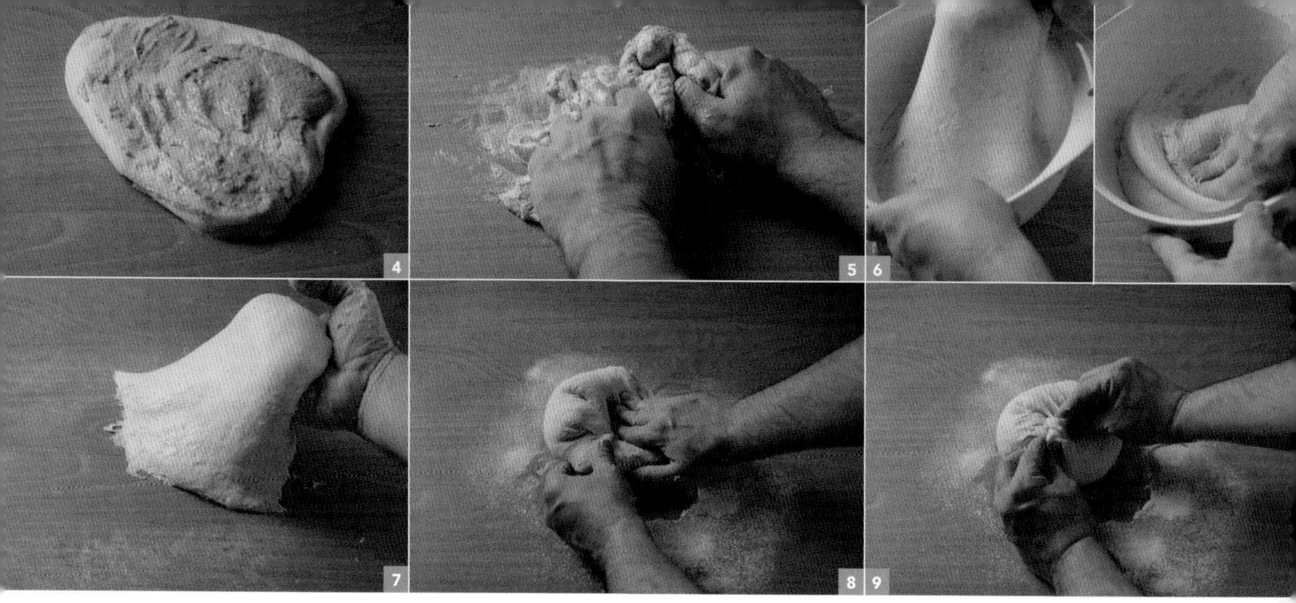

Mezcla los 500 g de harina blanca con los 310 g de agua (2), forma una bola y déjala reposar entre 30 minutos y 2 horas (el tiempo que desees). A este proceso se le llama autolisis; hará que tengas que amasar menos, que tu pan quede más esponjoso y que desarrolle mejor alveolatura, gusto y corteza. Al cabo de un par de horas, la preparación estará lisa, como medio amasada (3). Mézclalo con la masa madre (4 y 5). Aunque depende del gusto personal, a este pan le conviene que la madre esté algo más ácida que un yogur, como un kéfir.

Añade el resto de ingredientes y mézclalos bien con la mano. Una vez lo hayas conseguido, pliega la masa en un bol para empezar con el amasado; es tan fácil como plegarla sobre sí misma en el bol (6). Repite esta operación cinco veces; espera 10 minutos, y repite estos pliegues y su reposo posterior cuatro veces seguidas: la masa estará lista. Si no quieres esperar tanto, puedes pasar la masa a la mesa y trabajarla al modo francés (levantándola y arrojándola sobre la mesa mientras la pliegas sobre sí misma), como se muestra en la página 41. Tras unos 10 minutos de amasado tendría que estar lisa (7).

Deja que fermente en un bol untado con un poco de aceite durante unas dos horas y media o tres (queremos que crezca, pero no es esencial que doble su volumen). Transcurrido este tiempo, vuélcala sobre la mesa enharinada; con cuidado, recoge los extremos de la masa haciendo un hatillo con ella, intentando crear

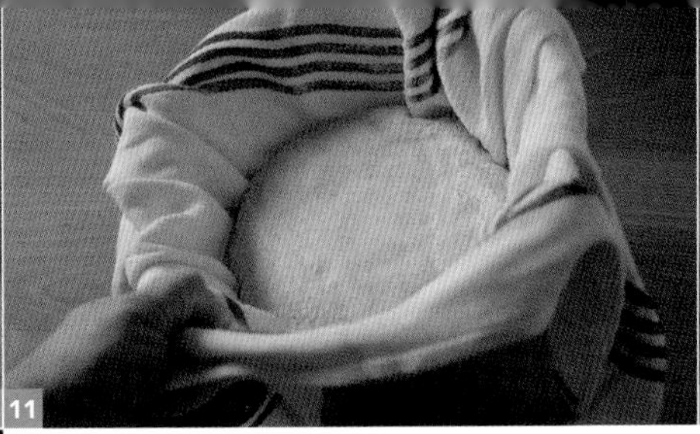

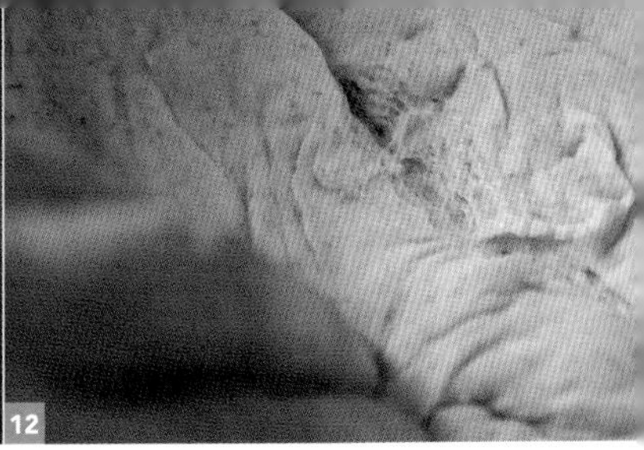

un poco de tensión pero sin desgasarla demasiado (8 y 9). Dale la vuelta sobre un espacio de la mesa que no hayas enharinado, dejando debajo el lado con el recogido de masa, y boléala con mucha suavidad; solo quieres formar un conjunto homogéneo y darle un poco de tensión (10). Déjala fermentar en un lugar tibio, en el interior de un bol con un trapo bien enharinado y con la base (el recogido) hacia arriba (11). Al cabo de dos horas y media o tres, la masa tiene que haber ganado volumen y, al cortar un poco su superficie con un cuchillo, tienes que ver que ya tiene miga (12). Si no la ves, simplemente déjala fermentar más.

Una vez fermentada, vuelca la masa sobre papel de hornear (13); córtala a tu gusto (14): a esta hogaza le va muy bien una cruz o cuatro cortes en forma de cuadrado cerca de los bordes. Hornéala 10 minutos a 250 °C con mucha humedad (vierte medio vaso de agua en una bandeja metálica muy caliente), y otros 40 o 45 minutos a 200 °C, sin la bandeja.

Una vez lo hayas sacado del horno, deja que el pan se enfríe en una rejilla antes de comerlo. Disfruta viendo cómo evoluciona su sabor a lo largo de las horas.

¿Por qué es interesante esta receta?

Muestra una manera sencilla de hacer un pan de masa madre de sabor muy profundo. Enseña el concepto de autolisis, lo que facilita el amasado y mejora la estructura final del pan.

Variaciones

Puedes usar madre blanca e incorporar algo de centeno o harina integral a la masa, pues hará que esté más rico que si solo usas harina blanca. Si optas por añadir nueces o semillas, hazlo una vez hayas concluido el amasado. Es un pan que queda fantástico horneado en una cazuela de hierro o de barro. No es ningún pecado ponerle levadura: la madre te dará sabor y la levadura hará que suba antes y mejor; con 1 g de levadura tienes suficiente para que fermente un poco más rápido y la miga sea un poco más esponjosa.

Chapata

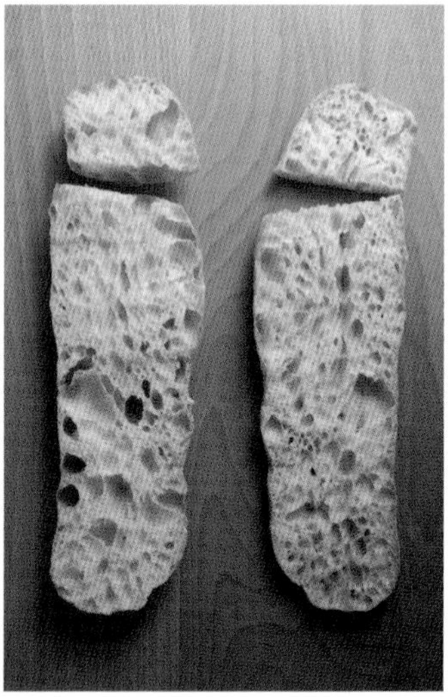

¿Cuánto fermento se puede usar en una receta de pan? Los panes que hemos visto hasta ahora precisaban menos cantidad de fermento que de harina pero, ¿dónde está el límite? No lo hay. A menudo se pregunta por la equivalencia de una cantidad *x* de levadura por masa madre... y la verdad es que no hay una respuesta precisa, ya que cuando usas madre (ya sea de levadura o natural), lo que en realidad estás empleando es pan. Mientras que multiplicar por cinco la cantidad de levadura sería un desastre, hacer lo mismo con la cantidad de madre es perfectamente viable, ¡y delicioso!

La receta clásica de la chapata es un ejemplo paradigmático, ya que usa casi toda la harina de la receta en el fermento previo. En la elaboración final del pan, a esa gran cantidad de fermento sólido (llamado *biga*), se le añade una pequeña cantidad de harina y mucha agua. Se trata de un fermento sólido que es un poco difícil de desmenuzar con las manos. Por eso, para esta receta pensada para elaborar en casa, he preferido utilizar un fermento líquido, ya que simplifica las cosas.

Fíjate sobre todo en la gran cantidad de fermento y en que la masa final no lleva levadura. Observa cómo la textura de la masa (poco menos que una bechamel densa) va evolucionando a medida que la vas plegando durante la fermentación.

Ingredientes (para tres chapatas)	
Poolish	
Harina panificable	450 g
Agua	450 g

4

5

6

Levadura fresca (o levadura seca, un tercio)	para 3 horas, 7 g
	para 8 horas, 3 g
	para 12 horas, 0,9 g
Masa final	
Poolish	900 g
Harina panificable	300 g
Agua (76 %)	120 g
Sal	14 g

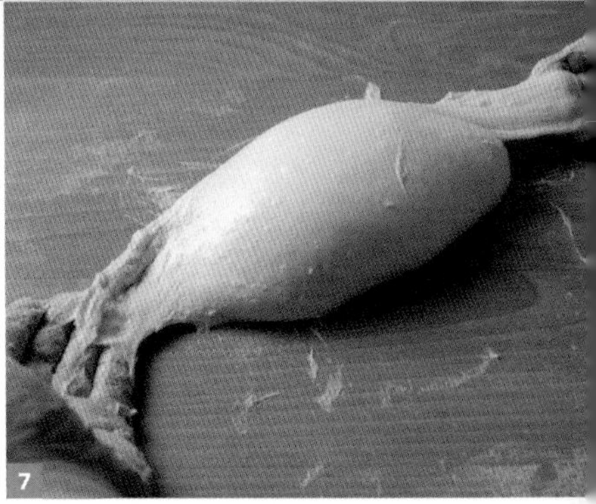
7

Prepara el *poolish* a temperatura ambiente (unos 20-22 °C) de acuerdo con las indicaciones de la levadura de la tabla y según el tiempo del que dispongas (reduce la cantidad de levadura en verano). Deslíe la levadura en el agua, mezcla la harina y remueve con una cuchara un par de minutos, hasta que quede homogénea (1). Estará lista cuando casi triplique su volumen y quede burbujeante (2). Una vez listo el *poolish*, mezcla todos los ingrediente en un bol y amásalos. Si te impone mucho la masa pegajosa, tienes varias opciones. Puedes usar una espátula o una cuchara de madera grande y remover unos 15 o 20 segundos a intervalos de 5 minutos durante media hora (3). Otra manera sencilla es mojarte un poco la mano y plegar la masa sobre sí misma (4 y 5). Dóblala cinco veces a intervalos de 10 minutos durante media hora. En ambos casos, notarás cómo la masa va mejorando cada vez que vuelves a manipularla. En cambio, si has practicado un poco el amasado francés (página 41), no tengas miedo de trabajarla sobre la mesa (6 y 7); la masa será un poco pegajosa al principio, pero al cabo de 3 o 4 minutos de amasado tendrá consistencia. Trabájala

8

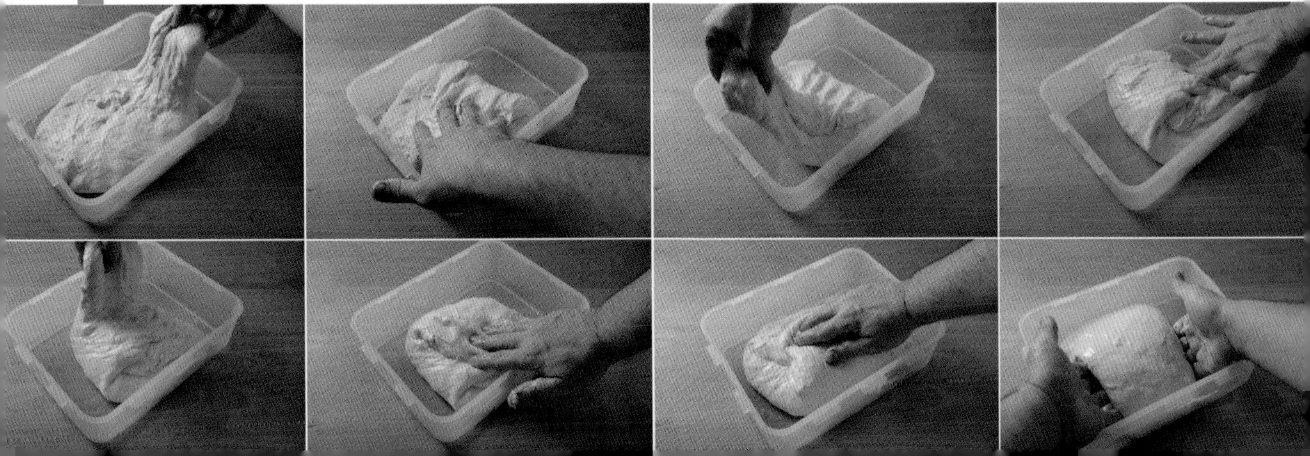

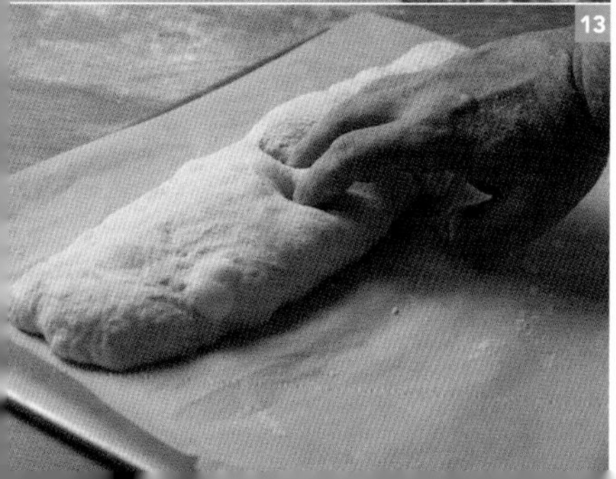

de este modo durante 10 minutos seguidos, o bien un par de minutos a intervalos de 5 minutos durante un cuarto de hora.

Una vez amasada de cualquiera de las tres maneras propuestas, pasa la masa a una bandeja o a un contenedor rectangular untado con aceite y dóblala como si se tratara de un tríptico, tal como se indica en la secuencia 8, como si fuera un folio que quieres doblar en tres para meterlo en un sobre. Esto dará estructura y firmeza hasta a las masas más blandas. Repite la operación al cabo de media hora (o menos, si ves que la masa se desparrama sin control por la bandeja); espera una hora y repítela otra vez. Deja que transcurra media hora más, momento en que la masa se habrá hinchado notablemente (9). Entonces vuélcala con delicadeza sobre la mesa muy enharinada (10), disponla con cuidado de forma rectangular (11), corta tres tiras largas y colócalas sobre papel de hornear (12). La masa tendría que asemejarse a un colchón de aire. Si ves que no está completamente llena de aire, espera media hora más. Si está muy hinchada, calienta el horno a 250 °C. Un par de minutos antes de meter la masa en el horno, presiónala ligeramente con los dedos (13); esto hará que el alveolado sea aún más irregular. Desliza las chapatas sobre la bandeja del horno, que estará caliente. Hornéalas durante 15-20 minutos a 250 °C, hasta que tenga un bonito color dorado. Cuando estén un poco doradas, baja la temperatura a 220 °C y continúa la cocción hasta completar 35 minutos; entonces apaga el horno y déjalas dentro con la puerta entreabierta otros 10 minutos más. Sácalas y deja que se enfríen. Una vez frías, córtalas y observa el grosor de la corteza; para que queden bien crujientes y que aguanten así, debería medir al menos 2 o 3 milímetros.

¿Por qué es interesante esta receta?

Muestra que no hay límite en cuanto a la cantidad de fermento que puedes usar. Enseña cómo preparar un *poolish* y cómo manipular masas muy hidratadas.

Variaciones

Prueba a sustituir la madre de levadura por madre natural líquida; la chapata será aún más aromática. Añade un poco de aceite de oliva (incluso aromatizado). Corta tiras largas y divídelas en pequeños bollitos individuales para una cena especial: si pasas un lado de la masa por un plato con agua y después por otro con semillas conseguirás algo realmente llamativo.

Pan 100 % de centeno, «automático»

El centeno es un cereal capaz de ofrecer un aroma y un sabor inigualables. Aun así, mucha gente lo rechaza porque piensa que los panes de centeno son densos como una piedra. Sin embargo, con un par de pautas básicas, este cereal se convierte en maravilloso. Si usas harina blanca de centeno en lugar de integral, aumentas la cantidad de agua y empleas una masa madre bien trabajada (muy activa y algo ácida), este pan sale solo, siempre. Lo llamo «automático» porque es facilísimo; el propio pan se encarga de avisar cuando está listo para introducirlo en el horno. No hay que saber amasar, formar ni fermentar. ¿Quién da más?

En el centro y el norte de Europa, este tipo de pan se aromatiza a menudo con especias (anís, hinojo, alcaravea, cilantro), que dan otra dimensión de sabor al propio cereal. Eso y mantequilla, claro.

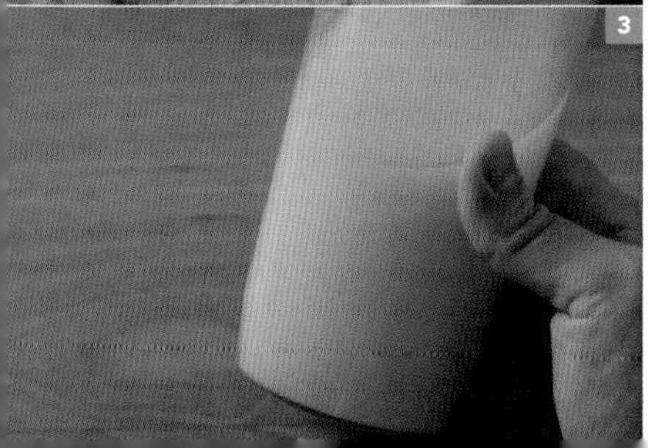

Ingredientes (para 2 moldes medianos)	
Primer paso: a las 21:00 h	
Masa madre de centeno	10 g
Harina integral de centeno	85 g
Agua tibia	85 g
Segundo paso: a las 9:00 h	
Primer paso fermentado	180 g
Harina integral de centeno	180 g
Agua tibia	180 g
Masa: a las 13:00 h	
Segundo paso fermentado	490 g
Harina blanca de centeno	490 g
Agua (100-104 %)	490-520 g
Miel	40 g
Sal	16 g
Levadura (opcional)	15 g (5 g de levadura seca)

La noche anterior, toma media cucharada sopera de masa madre (unos 10 g) [1] y mézclala con la harina y el agua hasta obtener una masa densa. Deja que fermente tapada en un lugar templado. Por la mañana, notarás un aroma ácido y profundo; ahora hay que dar otro refresco (otro ciclo de alimentación) más corto para acabar de redondear los sabores y que no sea tan fuerte. Mezcla los ingredientes del segundo paso hasta obtener una pasta espesa y deja que fermente en un sitio tibio (intenta que la temperatura ronde los 26 °C), por ejemplo, en un armario, en el que puedes poner una jarra llena de agua recién hervida.

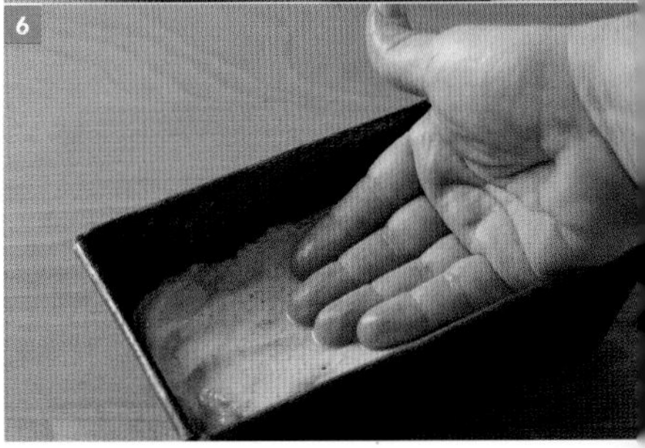

Al cabo de unas 4 horas, cuando la masa madre esté esponjosa como una mousse (2), acuérdate de separar 50 g de la mezcla como masa madre de reserva para los próximos panes. A continuación, procede con la receta. Mezcla todos los ingredientes de la masa final. Si vas a usar levadura, como este pan apenas se amasa, disuélvela en agua para que se distribuya de manera homogénea (3). El centeno varía mucho en su capacidad de absorción, así que no dudes en incorporar más agua hasta obtener una pasta muy pegajosa, semejante a un barro denso (4). Trabájala un par de minutos en el bol hasta que esté perfectamente mezclada.

Deja que repose 10 minutos mientras te lavas las manos, untas de aceite los moldes y preparas un bol con agua tibia. Usa el agua para manipular la masa pegajosa sin que se te pegue (5). Llena los moldes hasta un poco más de la mitad; para un molde de unos 21 x 11 cm de boca, usa unos 700-750 g de masa. Alisa un poco la superficie con la mano mojada (6), espolvorea de manera generosa con harina (7) y deja que fermente en un lugar templado. Es un pan «automático», ya que él mismo te indica cuándo está listo. Cuando la masa esté a punto de llegar al borde del molde y presente grietas en la harina (8), métela en el horno. Crea un buen golpe de vapor vertiendo medio vaso de agua en una bandeja metálica situada en el fondo del horno y luego hornea 10 minutos a 250 °C, y otros 50 minutos más a 200 °C. Si ves que se dora mucho, cúbrelo con papel de aluminio hasta completar la cocción (9).

Saca el pan del horno y desmóldalo, déjalo enfriar sobre una rejilla, envuélvelo en un paño o papel y no lo cortes hasta el día siguiente. Es un pan que necesita al menos un día de reposo

para perder humedad y que se desarrollen los sabores. Es más, notarás cómo su sabor mejora con el paso de los días... La mejor rebanada siempre es la última.

¿Por qué es interesante esta receta?

Enseña cómo preparar un buen centeno: una masa madre con varios refrescos, una buena hidratación y un horno fuerte. En países de tradición «centenaria» muy arraigada no es raro que se den tres fermentaciones a la masa madre, modificando la duración, la humedad de la masa y la temperatura de cada una de ellas para que las levaduras y bacterias lleguen al pan en plena forma, aporten sus maravillosos sabores y que el pan sea glorioso.

Variaciones

Si no encuentras harina blanca, cómprala integral y tamízala con un colador de malla metálica fina. Prueba a incorporar especias o a enriquecerlo con un cuarto del peso total de la harina en semillas; se convertirá en un pan muy nutritivo. Añade también frutas y frutos secos dulces; combinarán muy bien con la acidez de la masa madre y el pan brillará.

7

8

9

ROBERT
HERDER
ROSTFREI
Solingen
Germany

El pan de Dan

Soy un panadero autodidacta y caótico, pero si hay alguien a quien puedo llamar «maestro» es, sin duda, a Dan Lepard, por su infinita capacidad de inspirar amor por el pan. En el verano de 2012, unos locos maravillosos,Andoni, Xabier y Nacho (conocidos como La Salsera), abrieron junto a Dan una pequeña panadería temporal en San Sebastián. Lepard aceptó el reto de hornear durante tres meses metido en un viejo contenedor de transporte. Los que tuvimos la suerte de pasar por allí aquellas semanas jamás olvidaremos la sensación de compartir algo aún más importante que el pan.

Entre los problemas que afrontó Lepard estaba fermentar a altas temperaturas sin equipo de refrigeración. Su solución fue tan ingeniosa como sencilla: reducir la cantidad de fermento más allá de lo razonable y común en nuestra cultura panadera. Tras leer los ingredientes de la receta, muchos panaderos pensarían que aquello no iba a fermentar (apenas un 1 % de madre natural, sin levadura) y un 55 % de hidratación. Sin embargo, tras toda una noche fermentando a altas temperaturas, la masa se afloja y queda esponjosa, sabrosa y aromática. Lo único que necesitas es una mano muy suave en el formado final. Este pan es tan sencillo y el resultado tan rico que puede ser tu receta favorita, sobre todo en los cálidos meses de verano, cuando hacer pan es más complejo y las fermentaciones incontrolables.

Ingredientes	
Masa madre (1) lista para usar	5-8 g
Harina de media fuerza	475 g
Harina integral	25 g

1

2

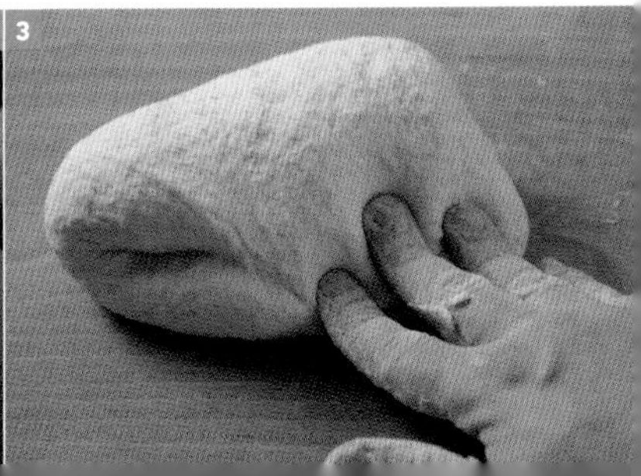
3

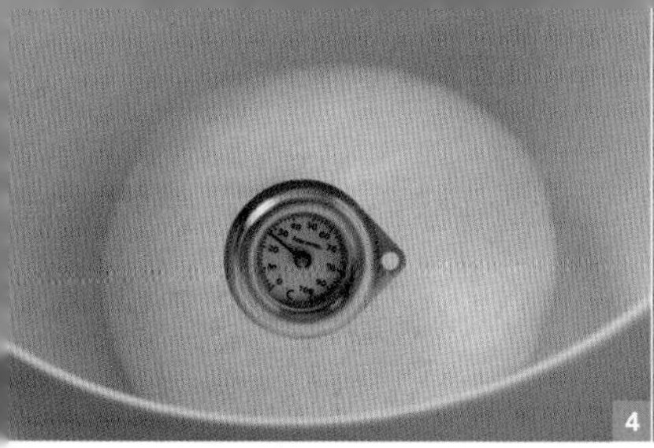
4

5

6

Sal	10 g
Agua (55-56 %)	280 g

Disuelve media cucharada sopera de masa madre activa (2) en el agua (tibia, a unos 35 °C), y después incorpora la harina y la sal. Trabájala sobre la mesa. Es una masa fácil de amasar (3); simplemente dóblala sobre sí misma y hazla rodar por la mesa una y otra vez durante unos 8 o 10 minutos. La masa tendría que estar tibia. Si tienes un termómetro, comprueba que esté a unos 27-28 °C (4). Déjala fermentar en un lugar cálido dentro de un bol untado con aceite.

Al cabo de unas 12-14 horas, habrá doblado su volumen y presentará una textura del todo distinta, suave y muy extensible (5 y 6). Con mucho cuidado, vuelca la masa sobre la mesa un poco enharinada y haz un hatillo con ella, con cuidado de no desgasarla (7). Con suma delicadeza, da la vuelta al hatillo de masa sobre la mesa (esta vez sin harina) y haz una bola (8); no hagas apenas tensión para no desgasar el conjunto. Espera 20 minutos y fórmala como se indica en la secuencia 9. La masa se habrá relajado y será casi un disco: enrolla un tercio de ese disco hacia ti y presiona con suavidad con los pulgares para sellar (evita añadir harina); vuelve a enrollar la masa una vez más, sellando con los pulgares, y dejando apenas un labio de masa de unos 2 cm. Por último, enrolla una vez más el resto de la masa sobre el lado de masa que quedaba, aprieta el último pliegue para sellarlo bien y haz rodar la pieza por la mesa, empezando con una suave presión en el centro que se tendrá que acentuar según vayas llegando a los extremos del pan, como si le quisieras sacar punta. Es importante que tengas siempre claro dónde está el pliegue. Deja fermentar el pan con el pliegue hacia arriba en una tela enharinada; puedes proporcionarle soporte en los lados con un par de libros.

7

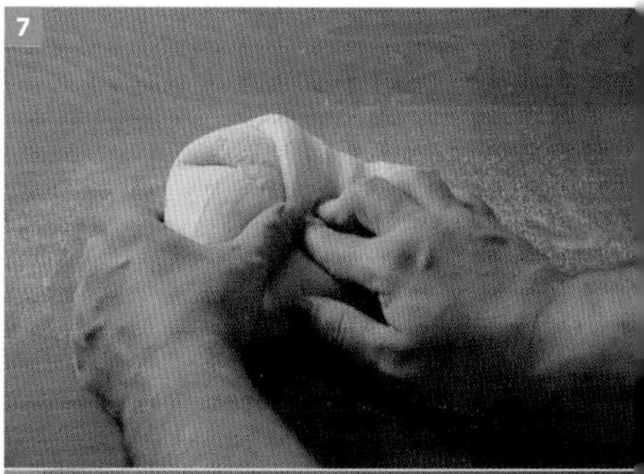

8

Transcurridos 30 minutos, pasa el pan (con el pliegue hacia abajo) a una hoja de papel de hornear (10). Hazle un corte a media altura, de forma longitudinal, de unos 2 mm de profundidad,

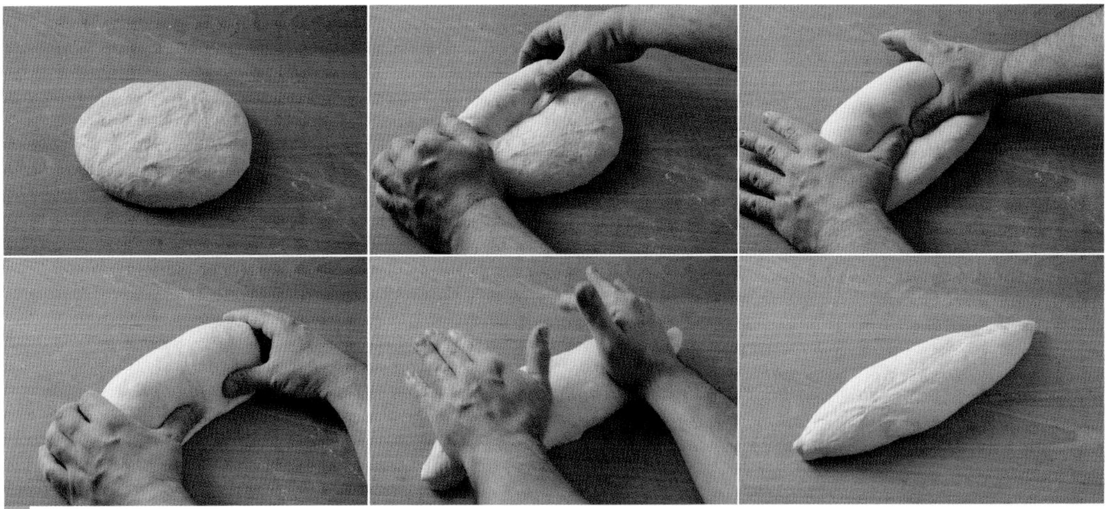

9

de punta a punta, como si fuera una gran sonrisa (11). Hornéalo 15 minutos a 250 °C con mucha humedad (con una bandeja metálica muy caliente en la que habrás vertido medio vaso de agua), y otros 40 o 45 minutos a 200 °C, ya sin la bandeja (12). Una vez lo hayas sacado del horno, deja que se enfríe en una rejilla antes de consumirlo.

¿Por qué es interesante esta receta?

Muestra que los límites de la fermentación son muy amplios y que la masa madre natural tiene un gran poder. Curiosamente, esta receta es ideal para elaborarla en casa, ya que es comodísima de amasar, fermentar y formar.

Variaciones

Dado que la masa va a fermentar muchas horas, necesitas una harina con algo de fuerza, para que se forme un gluten capaz de aguantar muchas horas de fermentación sin descomponerse. No obstante, puedes introducir un buen porcentaje de harina integral. Intenta hacer hermosas hogazas con esta masa. Es fácil y son deliciosas.

10

11

12

THE
LOAF
IN A BOX
THELOAF.es

Pan de soda

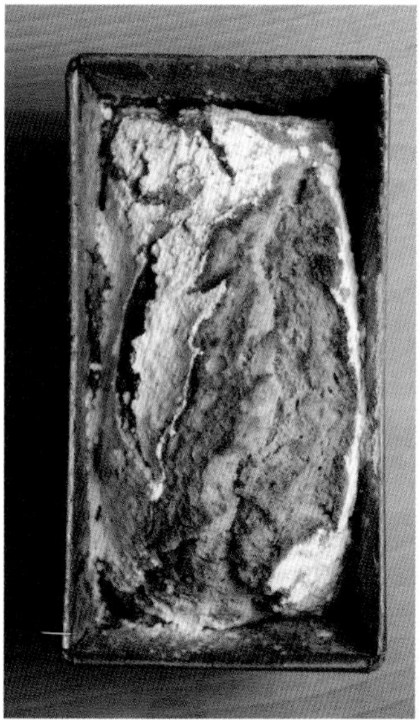

En las recetas anteriores hemos visto cómo fermentar con levadura y cómo dejar que el tiempo haga su magia, pero, ¿y si no dispones de él? La palabra *pan* significa muchas cosas en distintos sitios y, en algunos lugares del mundo, una masa levada con levadura química (Royal®) es tan apreciada como la masa fermentada más sofisticada. Este pan es muy típico en Irlanda, pero las masas de este estilo son comunes en muchos lugares. Este pan, más que una receta, es una mera tecnología: enciende el horno, mezcla, mete en el molde y hornea. En menos de una hora tienes un pan de principio a fin.

Lo que a primera vista podría pasar por un extraño bizcocho salado puede aportar gran sabor. Eso sí, como este pan no fermenta, es muy importante que te asegures de que tendrá buen sabor con harinas sabrosas de calidad y que apuestes por las integrales. Para conseguir una miga esponjosa y un buen volumen, no tengas miedo de elaborar una masa muy húmeda, algo parecido a la masa para croquetas. Aunque parezca increíble, subirá y obtendrás un pan tan sencillo como sabroso.

Ingredientes	
Harina integral de trigo	245 g
Harina panificable	105 g
Levadura química	3 cucharadas de postre (15 ml)
Agua (107-115 %)	280-300 g
Miel (1)	35 g
Sal	7 g

Calienta el horno a 220 °C. Si no estás seguro de si el molde es antiadherente, úntalo con mantequilla y enharínalo (2). Mezcla bien todos los ingredientes en un bol con la ayuda de la mano; debes obtener algo parecido a un barro; fíjate en la textura que se muestra en las fotografías 3 y 4. Cuando la preparación quede homogénea, viértela en el molde (5) [la cantidad de la receta es suficiente para un molde de 22 cm, unos 1 100 cc de capacidad, que se suele usar para unos 500-600 g de pan de trigo]. Simplemente intenta llenar el molde más o menos hasta la mitad. Esparce harina por la superficie (6).

Hornéalo unos 40 minutos. Si se dora mucho, pon papel de aluminio por encima. Una vez transcurrido el tiempo de cocción,

sácalo del molde para dejar que se asiente y se enfríe un poco. Es delicioso con mantequilla o queso.

¿Por qué es interesante esta receta?

Muestra cómo se puede hacer pan en un instante, sin fermentar, pero con sabor y esponjosidad.

Variaciones

Aunque este pan es un canto a la velocidad... ¿por qué no añades algún resto de masa madre natural que te sobre de otro pan? No solo conseguirás un pan veloz, sino que también tendrá un sabor épico. Por supuesto, este pan está pidiendo a gritos frutos secos, semillas, etcétera. Puede con todo. Si lo elaboras con harina blanca, prueba a incorporar pasas, frutos secos o pepitas de chocolate.

Puedes reducir un poco la cantidad de agua y hacerlo sin molde. Una forma clásica es una hogaza redonda en la que tienes que practicar dos cortes en cruz hasta llegar a la base del pan, de manera que luego se pueda romper con la mano en cuñas rectangulares.

Chapati

En nuestra cultura no es raro oír a alguien decir que no puede sentarse a la mesa a comer sin un pedazo de pan. En muchas partes del mundo esto es cierto en el sentido más estricto de la palabra, ya que el pan es el instrumento con el que se lleva la comida a la boca. Es el medio y el fin, el plato y el cubierto.

Amjad, el pakistaní que regenta mi restaurante pakistaní favorito de Barcelona, el ZK, me enseñó la sencilla manera en que elaboran este pan. Desde Asia hasta el Magreb, es muy normal que este tipo de panes se cueza pegado en la pared de hornos verticales de boca superior, que reciben el nombre de *tandoor, tonir, tannur,* etcétera. Este tipo de horno se conoce desde el neolítico; originariamente se hacía de barro cocido, y es una de las clases de horno más antiguos que se conoce. Curiosamente procede de la zona donde se domesticaron los cereales. El calor en esos hornos es tal que estas finas tortas se hacen en segundos, llenándose de ampollas de aire. En casa, sin un horno de este estilo, una manera facilísima de hacerlos es en una sartén.

La elaboración es sencilla. Lo único que tienes que dejar son los reposos intermedios para facilitar el estirado. Fíjate en la sutileza de la segunda manipulación con aceite, que crea unas pequeñas capas (no me atrevería a llamarlo hojaldrado) muy

1

2 3

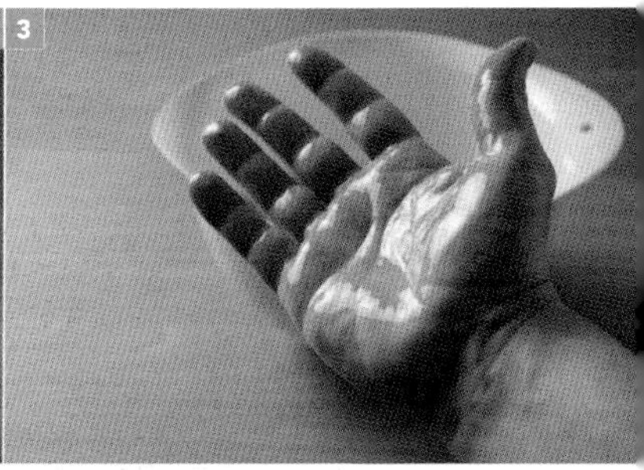

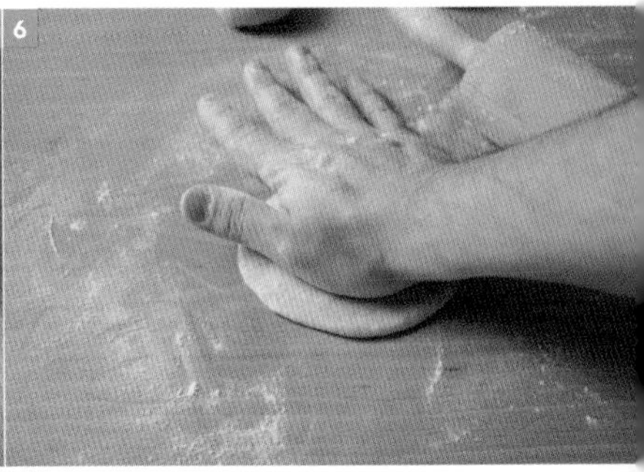

características. De hecho, hay lugares en que incluso llegan a plegar y estirar estas tortas como si se tratara de una especie de hojaldre ancestral.

Lo asombroso al elaborar este tipo de pan es que te aproxima a los gestos de nuestros ancestros del neolítico.

Ingredientes	
Harina semiintegral (o mezcla de integral y panificable)	400 g
Agua (60 %)	240 g
Sal	6 g
Aceite para las manos	

Mezcla todos los ingredientes menos el aceite. No queremos amasarlo en exceso, tan solo tenemos que estar seguros de haberlo mezclado bien (1). Deja que repose 10 minutos cubierto; la masa será sólida y no se adherirá a las manos (2). Úntate la mano con aceite (de manera que prácticamente chorree) [3] y estruja la masa durante medio minuto (4); queremos que el aceite pase por completo de la mano a la masa (5). Deja reposar la masa otros 10 minutos y divídela en bolas de unos 80-100 g. Estíralas con el rodillo hasta que midan unos 20-22 cm de diámetro (6, 7 y 8). En medio mundo hay un gesto muy característico para estirar las tortas de masa: se pasan de una mano a la otra con un rápido movimiento que las va estirando de manera homogénea.

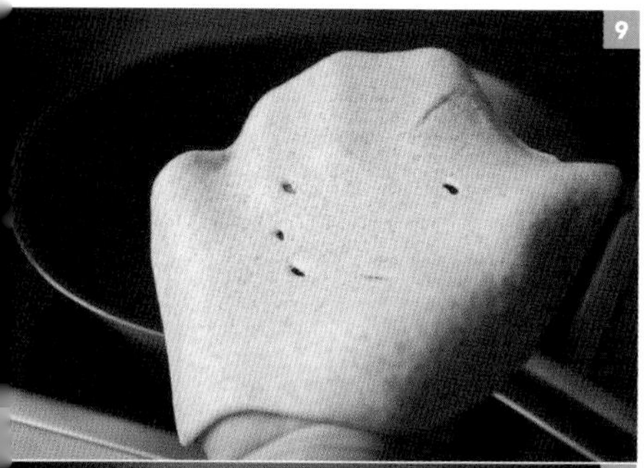

Calienta la sartén a fuego fuerte (tenemos que encontrar el equilibrio entre que la masa se haga con rapidez y que no se queme en pocos segundos), al 85-90 % de su potencia máxima. Antes de pasar la torta a la sartén, cuando la hayas estirado sobre la mesa, da un golpe seco con las puntas de los dedos para crear unos agujeros que eviten que se hinche como una pita (9). Cocina los chapati aproximadamente un minuto y medio o dos minutos por cada lado (10 y 11). En cuanto los saques de la sartén, pásalos a un paño para que no se enfríen ni se sequen. Ten a mano un buen curry o tu estofado favorito.

¿Por qué es interesante esta receta?

No necesitas horno. Es rápida, saludable y sabrosa. Reproduce gestos ancestrales.

Variaciones

Tradicionalmente para este pan se usaba una harina integral de trigo duro llamada *atta*, que se muele muy fina. En casa puedes emplear harina integral de trigo común, espelta o cualquier mezcla que te guste.

Recetario: técnicas

Una vez estudiados los tipos de fermentación, este segundo capítulo del recetario presenta una selección de técnicas para ampliar tu vocabulario y horizonte panadero. Algunas tratan de mostrar variaciones en la cocción: desde cómo hornear una gran pizza en casa hasta cocer sin horno, al baño María o al vapor. Otras recetas muestran distintas maneras de manipular y formar la masa, alterando las cualidades de la harina o dándole formas especiales. Por último, otras recetas proponen distintas soluciones a problemas como la incorporación de grasas a la masa o incluso cuestionan ideas básicas, como que el relleno de una masa tenga que ir siempre dentro de la misma.

Barra

La barra es posiblemente la variedad de pan más vendida en nuestro entorno y, sin embargo, es una de las más adulteradas y denigradas. Para conseguir una buena barra, por un lado, vamos a usar un fermento líquido, llamado *poolish*, y, por otro, vamos a hacer un formado en varios pasos, con reposos entre ellos. Se trata de una lección esencial: siempre que quieras preparar un pan de un formado especial, introduce reposos entre los distintos pasos del formado.

Prueba un poco del fermento líquido cuando esté listo; es posible que adviertas una nítida nota láctea. Se trata del ácido láctico, el suave sabor que dejará en tu boca cuando hayas tragado el último mordisco. Además, el fermento líquido se encargará de debilitar un poco el gluten de la masa, justo lo suficiente para que puedas estirarla con facilidad y consigas una buena alveolatura. Conseguir una buena barra requiere cierta práctica, como obtener un buen arroz o una tortilla de patata. No desesperes si la primera vez no te queda perfecta. Y muy importante: mucha gente echa la culpa de que su barra no se abra bien a que no saben cortar, cuando en realidad el corte es lo de menos: lo que en realidad importa es el formado, el punto de fermentación y un horno con mucha humedad.

Ingredientes (para 6 o 7 barras)	
Poolish	
Harina panificable	160 g
Agua	160 g
Levadura fresca (o seca, un tercio)	para 3 horas, 2,4 g*
	para 8 horas, 1 g*
	para 12 horas, 0,3 g*
Masa final	
Poolish	320 g
Harina panificable	640 g
Agua (63-64 %)	340-350 g
Sal	16 g
Levadura	2 g

* Fotos indicativas en la página 25.

Prepara el *poolish* a temperatura ambiente (unos 20-22 °C) de acuerdo con las indicaciones de uso de la levadura que se muestran en la tabla y según el tiempo del que dispongas (reduce la cantidad de levadura en verano). Deslíe la levadura en el agua, mezcla la harina y remueve con una cuchara un par de minutos hasta que esté homogéneo. Estará listo cuando casi triplique su volumen y esté burbujeante (1 y 2). Una vez listo el *poolish*, incorpora bien todos los ingredientes, menos la sal, en un bol. Tienes que obtener una masa algo pegajosa, que no conserve la forma de bola sólida (3 y 4). Deja que repose 10 o 15 minutos, incorpora la sal y amasa. Aunque te cueste un poco, intenta no añadir harina y que la masa se pegue un poco a la mesa (5). Puedes amasar dando pliegues a la masa o bien usar el método francés descrito en el primer capítulo: lanzar la masa sobre la mesa plegándola sobre sí misma (6 y 7). No tienes por qué amasar 10 minutos seguidos, puedes realizar pequeñas pausas de un par de minutos, que le vendrán bien. Queremos una masa final suave, sedosa y satinada (8). Déjala fermentar dos horas y media o tres, hasta que se haya hinchado bastante. Entonces, corta porciones de unos 180 g: intenta no cortar muchos trozos pequeños (9).

Vamos a formar en dos pasos. Asegúrate de que la mesa no tenga un exceso de harina, que se podría introducir en el plegado haciendo que no se sellaran bien los pliegues o que quedara harina cruda dentro. Primero vamos a preformar, enrollando la masa sobre sí misma en un pliegue, sellando la masa (10A, 10B y 10C). Repite esta operación con todas las porciones y deja reposar estos rollitos rechonchos durante 15 minutos, cubiertos con un paño o un plástico (para que no se cree una costra). Transcurrido este tiempo, vuelve

1

2

3

4

5

6

7

8

9

Preformado de una barra.

a plegar la masa sobre sí misma enrollándola y sellándola con las puntas de los dedos con firmeza; evita, sobre todo, que se cuele harina (10D); deja una especie de labio de masa mirando hacia ti; ahora vuelve a plegar la masa enrollándola sobre sí misma, pero esta vez séllala con la base de tu palma como si fuera una empanadilla (10E): da pequeños golpes con la base de la palma como si hicieras una costura, sellando el pliegue con cada golpe. Es muy importante que en todo momento tengas localizado el pliegue, la costura, de la pieza. Finalmente, haz rodar la barra ya formada sobre la mesa, empezando con las dos manos en el centro de la barra y haciendo una leve presión hacia los extremos mientras vas separando las manos y llegas a las puntas de la barra (10F). Si te gustan los curruscos puntiagudos, puedes afinar mucho las puntas apretándolas con más firmeza contra la mesa mientras haces rodar la barra. Recuerda que las barras deberán tener unos 40 cm para un horno normal (de 60 cm de ancho). Lo mejor es que uses la bandeja del horno como referencia.

Dispón las barras ya formadas sobre una tela enharinada, y dóblala para que cada barra sostenga a las piezas contiguas; déjalas con el pliegue hacia arriba (11). Deja que fermenten una hora y media. Este es el punto más crítico de la barra: si fermenta mucho, el corte no se abrirá y no tendrás esa greña tan bonita; y si lo hace poco, el corte se abrirá con virulencia y estallará. Tienes que advertir que la masa ha crecido, pero

10

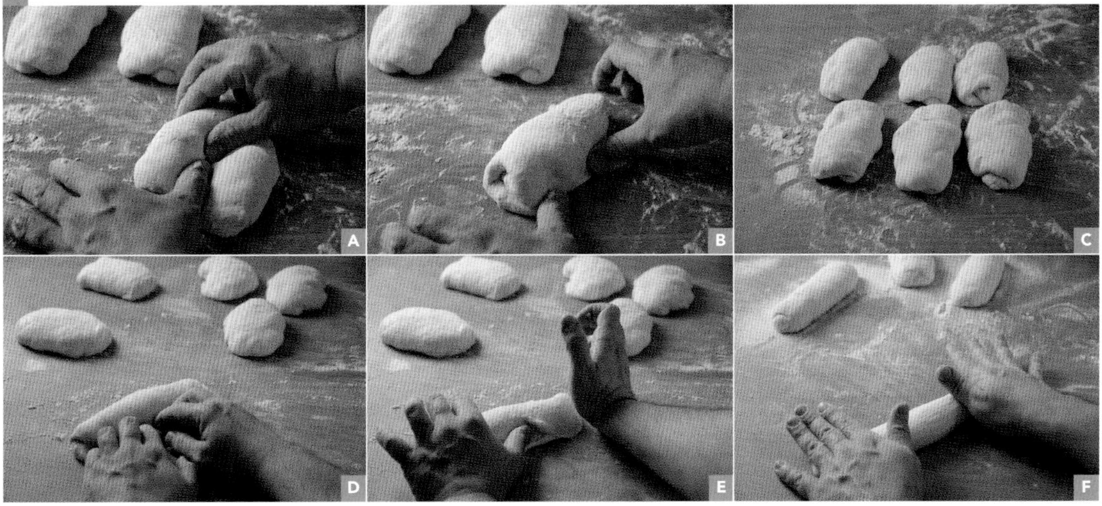

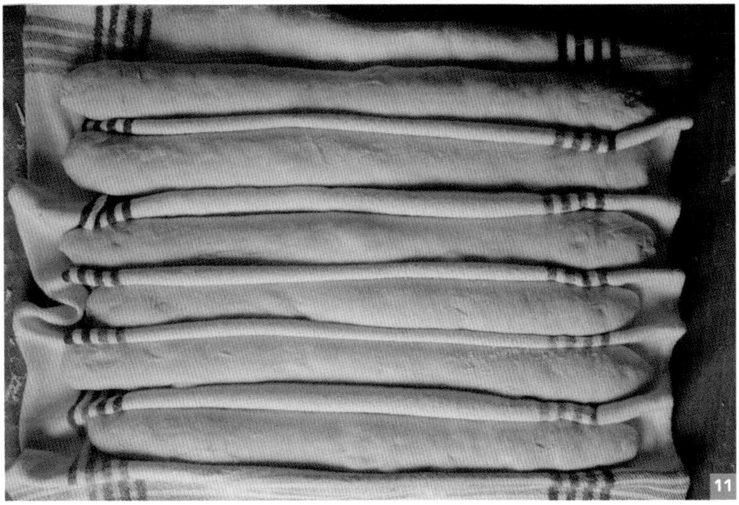

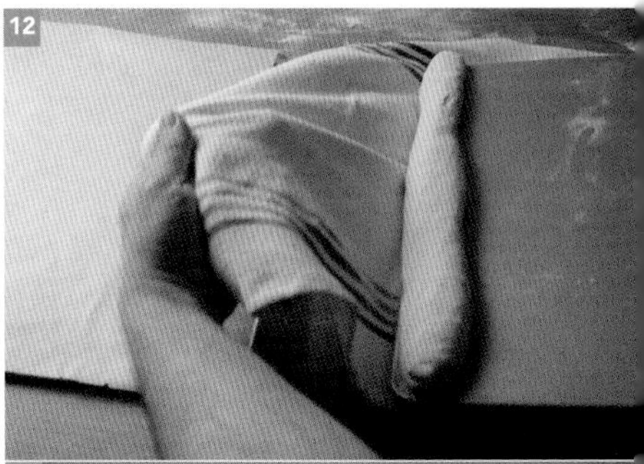

no tiene que doblar su volumen bajo ningún concepto; debes notar que es un colchón con aire, un poco más ligero que las golosinas llamadas nubes. Pásalas a una hoja de papel de hornear con la ayuda de una tabla o una bandeja (12), dejando que reposen sobre el pliegue. Intenta que haya al menos 5 cm entre cada una para que se cuezan bien por los lados. Con una cuchilla afilada (o bien un cuchillo de sierra) realiza los cortes. Si la barra tiene un eje longitudinal imaginario, hazlos a unos 10 o 15 cm (13), iniciando cada corte unos centímetros dentro

Formado de una barra.

del terreno del anterior; corta la masa sin apretar (puedes sostener muy suavemente la pieza con la otra mano), deslizando la cuchilla al bies (a unos 30° de inclinación). Antes de meterlas al horno, puedes vaporizarlas para crear una corteza fina y brillante (barra de la izquierda en la fotografía de la página 93) o bien dejarlas tal cual para obtener un aspecto más rústico (barra de la derecha). Hornéalas de 25 a 35 minutos con mucha humedad. Este tiempo dependerá del horno, del clima de tu zona y tu gusto por una corteza más potente. Durante los primeros 5 o 10 minutos evita usar la resistencia superior: si puedes, emplea solo la inferior. Una vez las hayas sacado del horno, deja que se enfríen en una rejilla antes de consumirlas.

¿Por qué es interesante esta receta?

Enseña el uso combinado de un buen fermento y levadura. Muestra las bases del formado: una mezcla de reposo, delicadeza, decisión y paciencia. Un clásico.

Variaciones

Intenta, sobre todo, conseguir una harina sabrosa y cremosa. Busca alguna buena harina blanca molida a la piedra; puedes usarla sola o bien mezclada con la harina panificable que emplees de forma habitual. ¿Y por qué no mezclar un poco de harina integral o de centeno?

Pizza sin amasado

La primera receta de este libro muestra cómo el reposo en la nevera puede hacer milagros: un gran sabor y una textura extraordinaria. En el caso de la pizza, esto aún resulta más llamativo. Dejar la masa de pizza un par de noches reposando en la nevera te evita el amasado y consigue que la miga de la masa final sea más gelatinosa y un poco más correosa. De esta manera obramos el milagro: conseguir una masa crujiente pero elástica. La gran ventaja de un tiempo prolongado es que no eres un esclavo de la masa. Puedes prepararla el jueves para degustar la pizza el viernes, el sábado o el domingo, indistintamente: si un día no tienes tiempo para hacerla, la dejas para el siguiente.

Sin embargo, para conseguir una buena pizza es necesario un horno con leña ardiendo a casi 400 °C. Como es poco probable que tengas uno, puedes usar en tu horno casero la técnica descrita en esta receta con grandes resultados. Calienta el horno al máximo y deposita la pizza directamente sobre la base, encima de la chapa que oculta la resistencia. Esto producirá un golpe de calor que hará que tu pizza consiga una base crujiente; al cabo de dos o tres minutos, pon la pizza directamente debajo del grill otros dos minutos. En cuatro o cinco minutos tendrás una pizza de la que estar orgulloso.

Ingredientes (para 3 bases)	
Harina panificable	525 g
Agua (65 %)	340 g
Aceite de oliva	20 g
Sal	11 g
Levadura fresca	5 g (1,5 g de levadura seca)
Para el relleno	
Salsa de tomate concentrada*	6 o 7 cucharadas
Queso mozzarella (escurrido)	150-200 g
Anchoas	10-15 filetes
Chorrito de aceite de oliva	
Albahaca u orégano para condimentar, al gusto	

* O tomate fresco hecho puré y escurrido.

Como no vas a trabajar la masa, disuelve la levadura en el agua (1). Incorpora el resto de ingredientes y mézclalos en un bol con la mano; queremos obtener una masa algo pegajosa (2). Deja que repose 15 minutos en el bol y pásala a la mesa; intenta no abusar de la harina (puedes usar un poco de agua) y simplemente pliega la masa sobre sí misma (3). Déjala que repose 5 minutos y divídela en tres porciones de 300 g cada una. Guarda cada porción a modo de una pelotita en tres botes untados con aceite (4). También puedes usar tres bolsas herméticas; la idea es que no tengas que volver a cortar ni manipular la masa cuando días más tarde la saques para formar las pizzas, ya que esta manipulación volvería a tensar el gluten y dificultaría el formado.

Al cabo de uno, dos o tres días en la nevera, la masa ha aumentado de tamaño en su bote (5). Calienta el horno a 250 °C mientras formas las pizzas. Con delicadeza, saca la porción de masa y disponla sobre la mesa enharinada. Para formarla, primero aplástala con las yemas de los dedos, empezando por la parte más cercana a ti y dirigiéndote hacia delante. La masa se estirará con facilidad. Repite esta operación un par de veces, hasta que la masa mida unos 15 cm de diámetro (6A y 6B). Entonces (usando más harina debajo para que no se pegue), haz con tus manos un movimiento similar al de los limpiaparabrisas del coche y estira un poco más la masa (6C). Un sistema muy bueno para obtener una pizza homogéneamente estirada es llevarla al borde de la mesa y dejar que caiga una mitad; ve girándola y dejando que caiga, y verás cómo la gravedad acaba de formarla (6D).

Formado de una pizza.

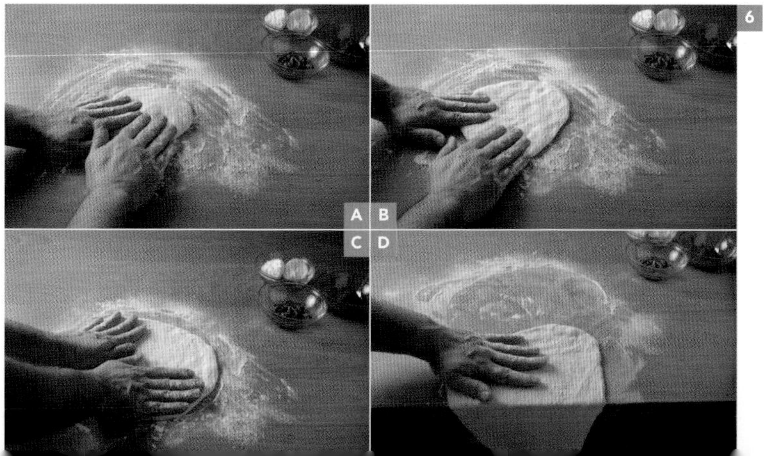

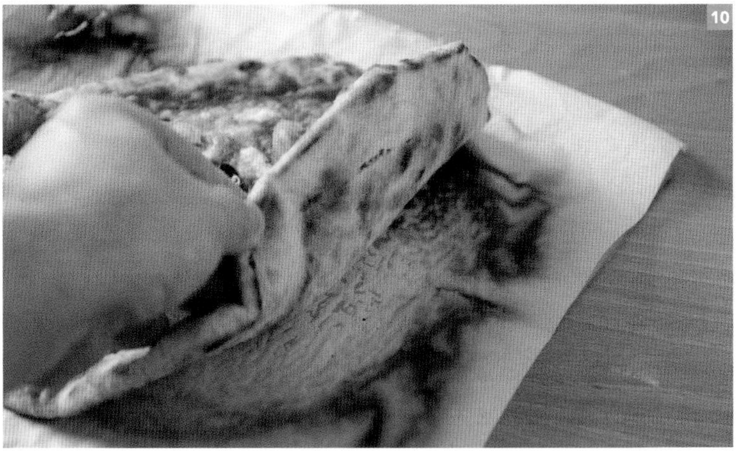

Una vez formada, pon la masa en una hoja de papel de hornear (puedes aprovechar para hacer las últimas correcciones en la forma). Coloca con rapidez el relleno (7); intenta que no esté muy húmedo, ya que esto humedecería demasiado la masa. Cuando el horno esté bien caliente (al menos 25 minutos antes), desliza el papel de hornear con la pizza sobre la base del horno (8) y déjalo ahí 2 o 3 minutos, vigilando la base de la pizza (si tienes un horno de gas, pon una bandeja metálica sobre la base). Cuando empiece a dorarse, coloca la pizza en una bandeja y ponla directamente debajo del grill a la máxima potencia. En otros 2 minutos, tu pizza estará lista: con la base crujiente (9) y elástica y el relleno fundido (10).

¿Por qué es interesante esta receta?

Lleva los efectos del uso de la nevera a su extremo y enseña una nueva manera de usar el horno. Los hornos domésticos no son los mejores para hacer pan, pero se les puede sacar gran partido.

Variaciones

Por supuesto, puedes estirar con un rodillo. Esta pizza tiene una base muy fina y requiere un relleno ligero y no muy húmedo para que se haga en un santiamén, como la masa. No obstante, puedes dejar la masa algo más gruesa y poner ingredientes que tarden más en cocerse. Para que todo esté listo en el mismo instante, puedes incluso cocer previamente un poco la base de masa o bien el relleno.

Pan de molde

Con esta receta clásica se elabora el pan de molde canónico: tierno pero consistente, con un leve toque dulzón y un lejano aroma a mantequilla. Lo único malo de este pan es que nunca dura más de un asalto, así que es mejor que consigas dos moldes y siempre dupliques o tripliques la cantidad.

Usar leche en vez de agua (total o parcialmente) es un suavizante natural de la miga que consigue que el pan quede tierno. La mantequilla fomenta esto último, al mismo tiempo que proporciona aroma, un bonito tono de corteza y evita que esta sea crujiente. Es una receta sencilla; uno de los pocos misterios es desgasar y formar de manera consistente la masa una vez fermentada, para así evitar grandes ojos por los que se colaría la mermelada de las tostadas.

Como sugerencia, propongo una variación en la que he dividido las cantidades de la receta por dos, y en una he sustituido los líquidos por un puré de moras pasado por un tamiz (para eliminar las semillas). Al enrollar las dos masas, se consigue un espectacular pan en espiral.

Ingredientes (para un molde de unos 22 cm, 1 100 cc)	
Harina panificable	300 g
Agua (28-30 %)	85-90 g
Leche (28-30 %)	85-90 g
Mantequilla	30 g
Azúcar	15 g
Sal	6 g
Levadura	6 g (2 g de levadura seca)

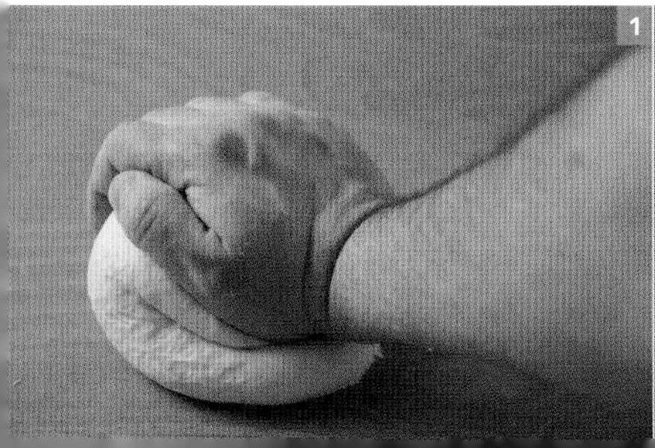

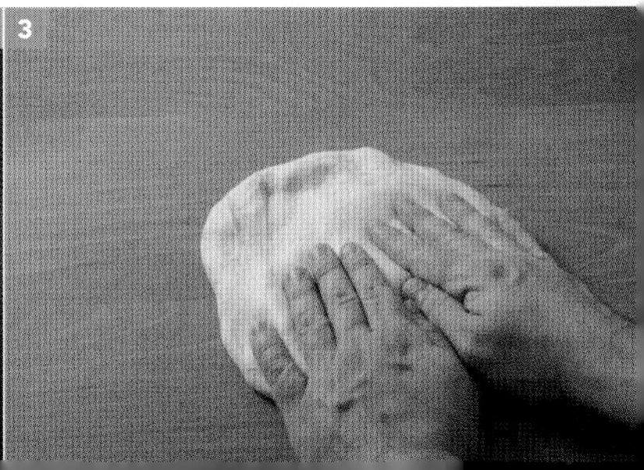

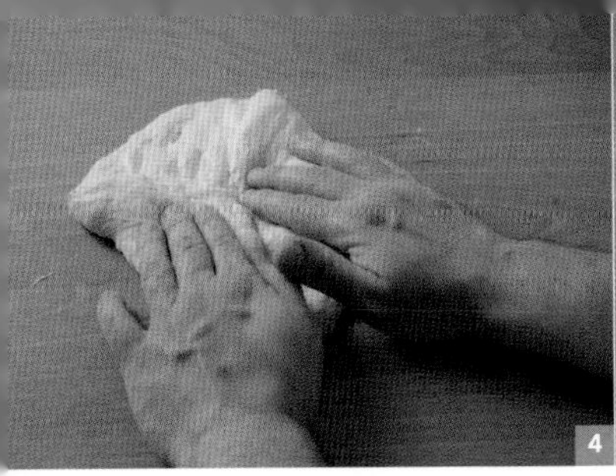
4

5

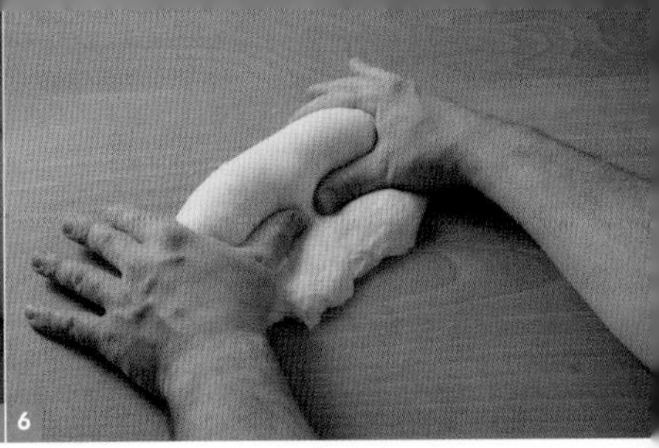
6

Mezcla todos los ingredientes hasta obtener una masa completamente homogénea y déjalos reposar tapados 10 minutos. Transcurrido este tiempo, trabaja la masa sobre la mesa plegándola y haciéndola rodar (1), como se muestra en la secuencia de la página 40. La masa tendría que ser levemente adherente al principio pero debería dejarse amasar sin pegarse tras un par de minutos de trabajo. Es una masa que da gusto manipular.

Formado del pan de molde.

Tras unos 10 minutos de amasado, la masa estará fina y satinada (no tienes por qué trabajarla 10 minutos seguidos, puedes amasar 5 minutos, dejar otros 5 de reposo y acabar con 2 minutos más). Déjala fermentar en un bol durante 1 hora y media o 2, hasta que se hinche y la presión del dedo deje una pequeña huella (2). Entonces, pon la masa sobre la mesa y desgásala aplastándola de manera contundente y homogénea (3). Una vez tengas una torta desgasada, pliega los extremos de los lados derecho e izquierdo como si fueran las solapas de un libro; ahora empieza a enrollar la masa concentrándote en crear una espiral tensa de presión homogénea. Pliega enrollando una, dos y tres veces, sellando bien la masa cada vez con los pulgares hasta que obtengas un cilindro de masa con sus extremos sellados (4, 5, 6 y 7). Deposítalo en un molde untado con aceite o mantequilla (8) y deja que fermente unas dos horas, hasta que haya doblado con creces su volumen (9). Pincélalo con leche y hornéalo a 220 °C durante 35 minutos. Cuando queden 5 minutos para acabar el horneado, saca el pan del molde con cuidado y depósitalo sobre una rejilla para que se dore de forma homogénea.

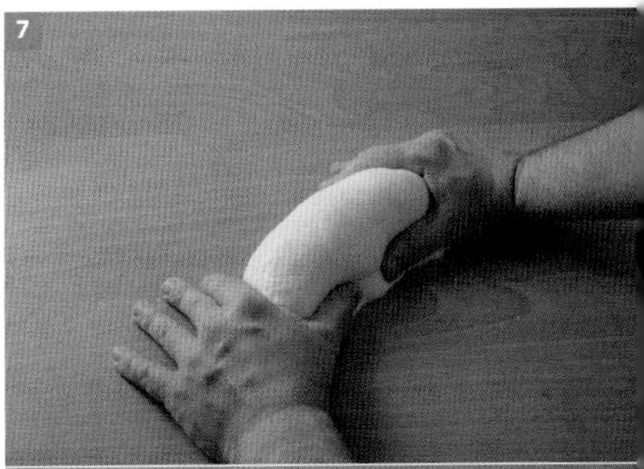
7

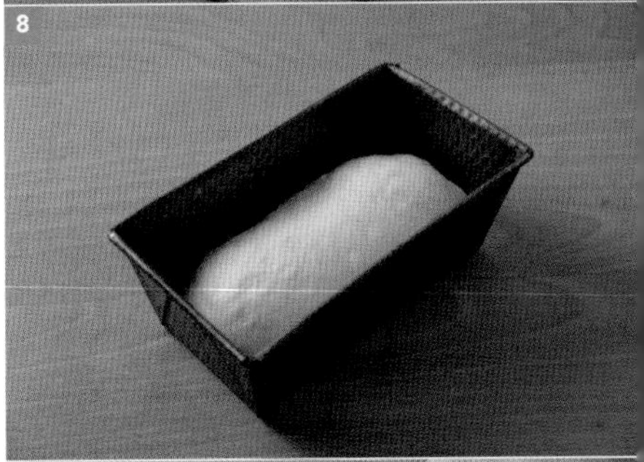
8

Opcional

Para un pan de molde bicolor en espiral, divide los ingredientes de la receta por la mitad; con una parte haz la receta tal como se indica, y con la otra sustituye los líquidos por 100 g de puré de moras, fresas, frambuesas o las frutas o verduras que tengas por casa (tamizando las semillas o las fibras gruesas) [10, 11, 12, 13, y 14].

9

10

11

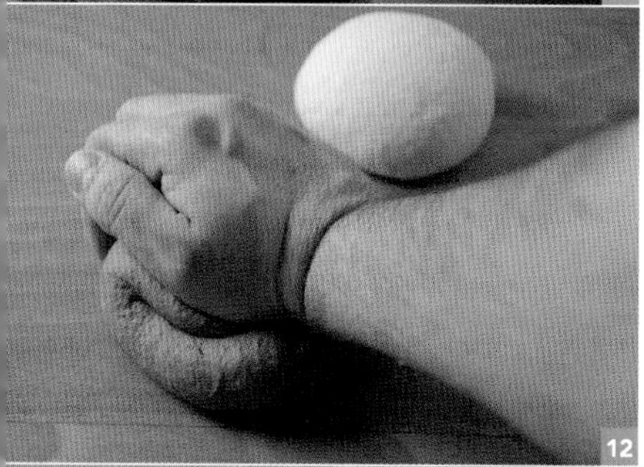
12

13

14

Para formar dos masas de distinto color, simplemente estira las dos bolas de masa una vez fermentadas hasta formar dos rectángulos de 1 cm de grosor. Pon una encima de la otra y enróllalas como se ha descrito antes (15).

¿Por qué es interesante esta receta?

Las masas tiernas y esponjosas son parte esencial del mundo del pan; esta receta da las claves para la mayoría de ellas. El uso de la grasa suaviza, permite que la masa crezca y adquiera más volumen y evita una corteza gruesa y crujiente. Un desgasado y un formado homogéneos proporcionan una miga sin grandes ojos.

Variaciones

Esta es una gran receta base para panes de distintos sabores (y colores). Úsala para elaborar bollos de hamburguesa o de perritos calientes. Para unas tostadas perfectas, incorpora a la harina un 20 % de patata cocida y conseguirás la tostada soñada: dorada y crujiente por fuera, pero jugosa y húmeda por dentro (lo mismo es válido para unos copos de avena o un poco de sémola). Para una miga extrajugosa puedes ponerle el *tang zhong* de la receta de los bollos de comino. Es clásico hacer un fermento con antelación para ayudar a la estructura de sabor y conservación de la masa; hazlo fermentando al menos tres horas antes 100 g de harina, 60 g de agua y 1,5 g de levadura.

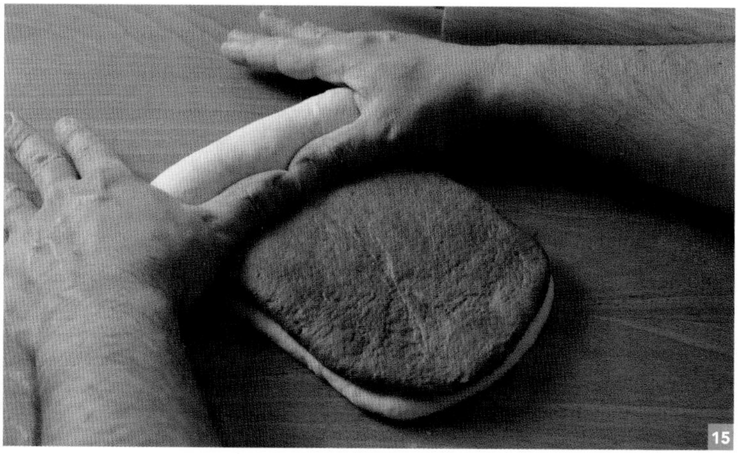
15

Germany

Bollos chinos al vapor

China tiene una larga historia de pan, como de casi todo. Fermentan su pan desde hace milenios, pero no tienen la costumbre de hornearlo, sino que lo suelen cocer al vapor, con lo que consiguen una miga jugosa y un curioso pan sin corteza. Estos bollos son una gran lección de lo que puedes hacer sin un horno y de cómo una harina de repostería puede dar lugar a una masa suave y tierna. A menudo no nos damos cuenta de que los límites de la panificación son muy difusos; hay que experimentar sin miedo.

Estos bollos se suelen llamar *baozi* y, cuando se sirven calientes, son una manera fácil y rápida de lucirse en una cena especial. El relleno que he escogido es agridulce y sabroso. Simplemente haz tuya la receta y piensa en los rellenos más sorprendentes.

Ingredientes (para unas 20 unidades)	
Relleno	
Carne picada (mezcla de ternera y cerdo)	500 g
Cebolla	1 grande (o 2 pequeñas)
Ajo	3 dientes
Aceite de girasol	un chorrito
Salsa de soja	un chorrito
Vinagre	un chorrito
Miel	1 cucharada sopera
Anís estrellado	2 estrellas
Pimienta de Sichuan (o pimienta negra)	
Clavo	2 clavos molidos
Masa	
Harina de repostería (floja)	400 g

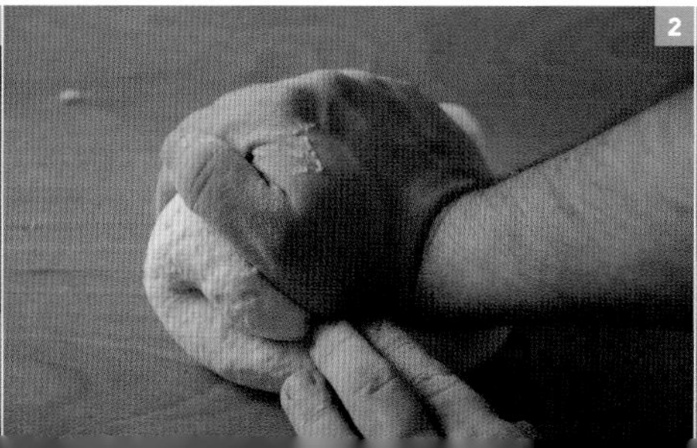

Agua (50 %)	200 g
Azúcar	20 g
Sal	4 g
Levadura fresca	10 g (3 g de levadura seca)

Formado de bollos chinos.

Mezcla y trabaja los ingredientes hasta obtener una masa bastante seca (1). Amasa unos 5-10 minutos (2), hasta que la masa quede lisa y muy maleable (3), y deja que fermente unos 45 minutos (no hace falta que doble su volumen). Mientras tanto, en una sartén dora la cebolla a fuego fuerte y añade la carne. Agrega el resto de los ingredientes (salsa de soja, miel, vinagre, anís estrellado, pimientas y clavo), baja el fuego, cuécelo 15-20 minutos y deja reposar (4).

Cuando la masa haya fermentado, divídela y forma unas bolas de unos 30-35 g (como una pelota de golf) (5, 6 y 7). Con un rodillo, estira cada bola hasta obtener un disco de masa de unos 10-12 cm de diámetro (8), procurando que los bordes queden más finos (9); puedes afinarlos con los dedos. Pon una cucharada sopera de relleno (unos 30 g) y cierra la bola (10). Se puede cerrar haciendo una bola sencilla, o bien doblarla como si fuera una empanadilla. Para ello, sella con fuerza cada pequeño pliegue mientras giras la bola suavemente hasta crear una espiral, como se muestra en la secuencia 11. Requiere práctica, pero es divertido y adictivo. Intenta que la masa tenga más o menos el mismo grosor para que no queden partes muy finas que puedan romperse durante la cocción. Deja reposar cada bolita sobre un cuadradito de papel de hornear (12) para que durante la cocción no se pegue en la vaporera (13).

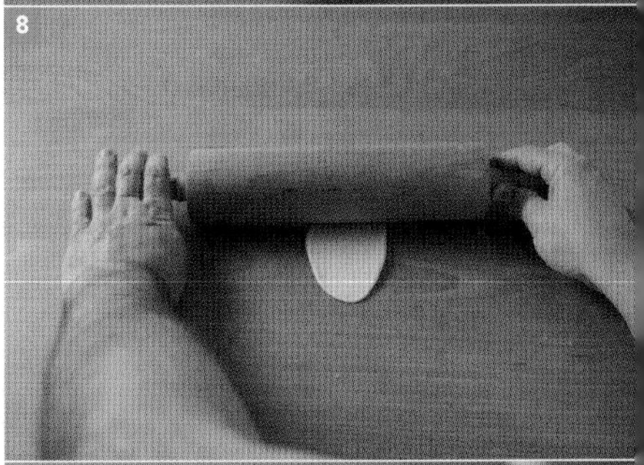

Deja fermentar otros 30-45 minutos, hasta que se esponje un poco (14) y cuécelas al vapor unos 10 minutos. Es muy importante que, una vez transcurrido el tiempo de cocción, no abras la tapa de la vaporera de inmediato, ya que los bollos perderían volumen y se encogerían como una pasa. Deja reposar 1 minuto

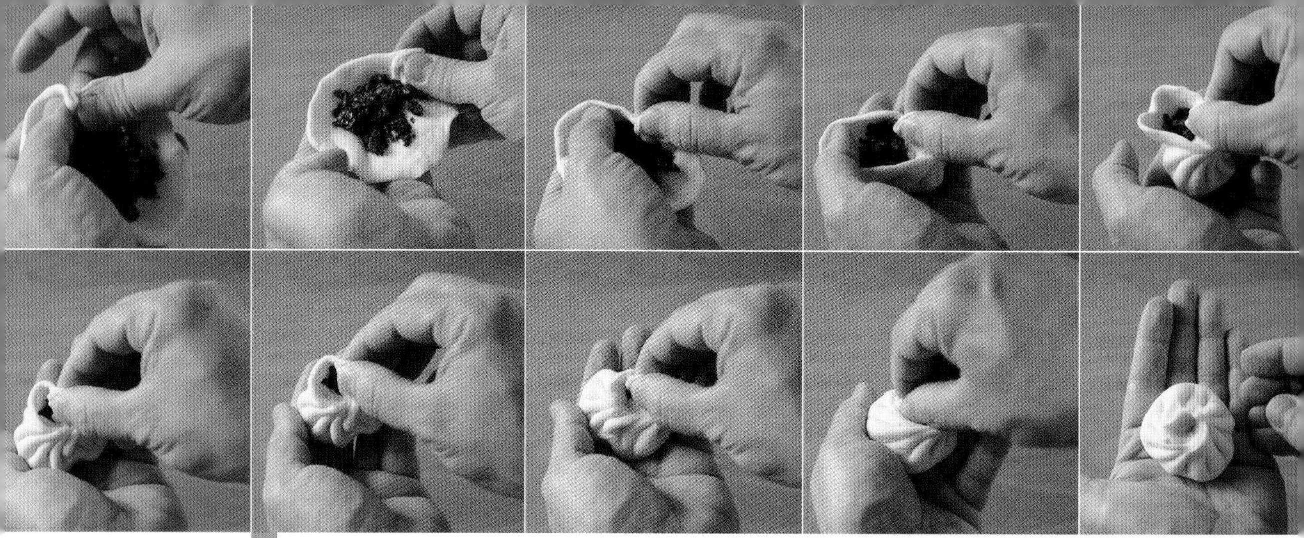

11

10

12

13

14

y abre la tapa lentamente. Degústalos calientes, solos o bien acompañados de una vinagreta elaborada con salsa de soja, aceite de freír ajos y vinagre.

¿Por qué es interesante esta receta?

No se usa el horno (no siempre tienes un horno a mano). Nos enseña que para hacer pan no siempre se necesitan 250 °C; con la temperatura del vapor es suficiente, en especial para estas piezas pequeñas. La harina de repostería también se puede utilizar para hacer pan, sobre todo en panecitos de miga tierna.

Variaciones

Rellénalos de lo que más te guste: dulce, salado, verduras, pescados, etcétera. Piensa que el relleno no tiene por qué estar cocinado y que la carne de embutidos frescos queda estupenda (morcilla, chorizo). Para migas coloreadas, sustituye el agua por verduras o frutas en puré (espinacas, remolacha, etcétera) o bien por infusiones sabrosas (me encanta hacer una masa dulce con una infusión de leche, cardamomo y azafrán). Puedes hacer bolitas sin relleno y hervirlas en una sopa, como pelotitas de pan sorprendentes.

Pan de centeno cocido al baño María

El pan es universal, tanto en sus ingredientes como en sus elaboraciones, y prepararlo con éxito a veces requiere que nos desprendamos de prejuicios, miedos e ideas preconcebidas. ¿Por qué no hacer pan al baño María? En realidad, para cocer pan no necesitamos los 220-250 °C que solemos utilizar en nuestra cultura. Con apenas 100 °C tenemos más que suficiente. Como verás en otras recetas del libro, el pan se puede hacer en una plancha (chapati), frito (langos) o incluso al vapor (bollos chinos). Esta sorprendente receta procede de la región de Uppland, en Suecia, donde se conoce con el nombre de *upplandskubb*, y se sirve en forma de cilindro cortado en cuartos.

Como no es probable que tengas un molde sueco de metal, en casa no hay nada más sencillo que usar una lata de conserva (las cantidades de la receta están pensadas para dos latas de tomate, de unos 800 g). La combinación de la masa madre, una generosa cantidad de miel y la prolongada cocción al baño María producen un pan diferente a cualquier otro, dulce y ácido a la vez, que recuerda de lejos al *pumpernickel* alemán (un pan que se cuece a baja temperatura durante más de 12 horas) y que es muy adictivo.

Ingredientes*	
Masa madre de centeno	170 g
Agua tibia (60 %)	160 g
Harina integral de centeno	120 g
Harina panificable	205 g
Miel (20 %)	80 g
Levadura	10 g
Sal	8 g

* Para dos latas metálicas de conserva con una capacidad total de unos 800 g

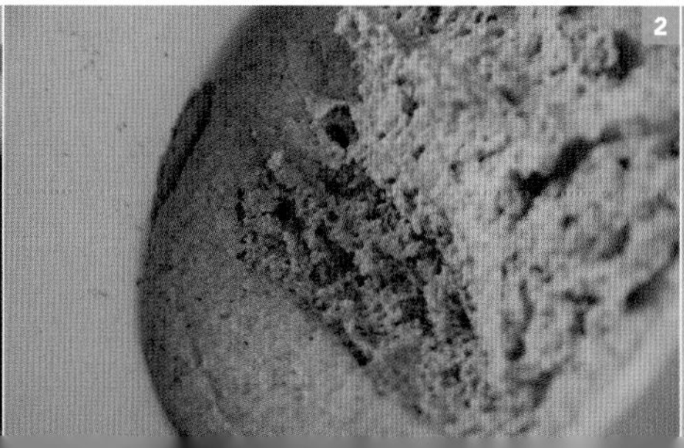

4

5

6

7

8

9

La noche anterior, mezcla media cucharada de masa madre (10 g) con 80 g de harina integral de centeno y 80 g de agua (1). Al día siguiente estará esponjosa y aromática (2). Incorpora bien todos los ingredientes en un bol (3). Debes obtener una masa bastante pegajosa, un barro denso (4 y 5). Si ves que queda seca, añade más agua sin miedo. Sin sacarla del bol, trabájala con las manos durante 5 minutos, estrujándola con las manos y plegándola sobre sí misma. Aunque es una masa densa y pegajosa, contiene el gluten del trigo que tienes que intentar desarrollar un poco para conseguir una miga esponjosa. Déjala fermentar unas dos horas y media; habrá ganado volumen y estará esponjosa (6).

Limpia bien las latas, sécalas, úntalas con mantequilla y espolvoréalas con harina. Con la ayuda de un poco de harina, divide la masa por la mitad (tendrás unos 385 g por lata) y coloca cada porción en su lata. Una vez hecho esto, espolvorea la masa con harina (7). Déjala fermentar aproximadamente una hora y media, hasta que se encuentre a unos 3 cm del borde de la lata (8). Entonces coloca una nuez de mantequilla sobre la masa, unta con mantequilla y espolvorea con harina un poco de papel de aluminio y colócalo bien firme a modo de tapa (9).

Llena una olla con agua hasta la mitad de su capacidad y llévala a ebullición. Para que el pan no se queme en la parte inferior, coloca las latas sobre una bandeja u objeto que impida que toquen el fondo (10). Déjalas cocer a fuego lento al baño María aproximadamente durante 5 horas. Transcurrido este tiempo, saca las latas del agua, retira las tapas de papel de aluminio y

10

deja que se enfríen media hora antes de desmoldar el pan (intenta no introducir un cuchillo, tan solo agita la lata hasta que caiga). Una vez lo hayas sacado de las latas (11), deja enfriar el pan durante un día envuelto en un paño. Córtalo en cuartos y rebánalo en cuñas de medio centímetro de grosor. Es perfecto con quesos y embutidos.

¿Por qué es interesante esta receta?

Muestra otra manera de cocer el pan, ¡sin horno! La cocción a baja temperatura produce una textura inusitada, jugosísima y sin corteza. Tierno, dulzón y con gran profundidad de sabor.

Variaciones

Combina el aroma de la miel con tus especias favoritas; prueba con frutos secos (orejones, pasas, etcétera), que le proporcionarán más jugosidad. Sé creativo: ¿dónde se te ocurre que puedes cocer este pan? Prueba a hacerlo en una flanera con tapa. En Islandia usan el calor volcánico de la tierra para cocer durante largo tiempo un pan emparentado con este, llamado *hverabrauð*. Solo necesitas una fuente estable de calor suave durante mucho tiempo.

Broa de centeno y maíz

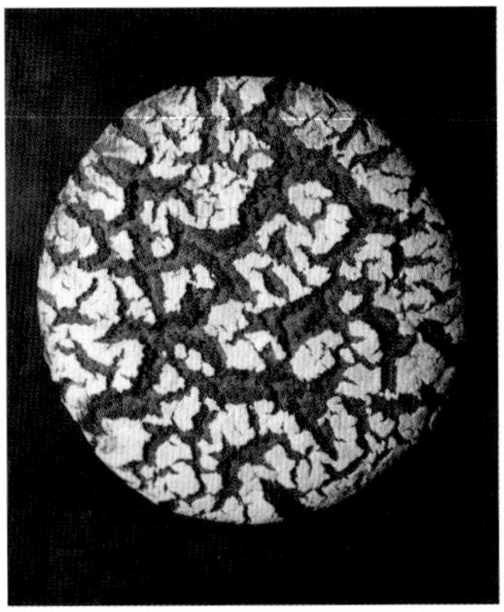

En el norte de la península Ibérica, la palabra *borona*, *brona*, *broa* o *boroña* se emplea para denominar a distintas variedades de panes de maíz, pero también para designar al propio cereal. Hace siglos, cuando comenzó a usarse, no solo tomó el lugar del mijo, sino que en muchos casos también adquirió su nombre (*borona* en castellano o *millo* en portugués y gallego). El maíz es un cereal que proporciona al pan un sabor dulce, un color dorado maravilloso y una textura húmeda. Sin embargo, carece del gluten que forman las masas de trigo. Este es el motivo por el cual hay que usar distintas estrategias para su tratamiento. En el País Vasco hacemos finas tortas a la plancha llamadas *talos*; al no ser fermentadas, se preparan finas para comerlas más fácilmente. En otros casos, la idea es mezclar el maíz con otros cereales, como el trigo (o el centeno, en el caso de esta receta), para que el resultado sea más esponjoso.

En cualquier caso, una técnica común para mejorar las cualidades plásticas del maíz es escaldarlo (mezclarlo con agua muy caliente). Es curioso que esta técnica la usen las amas de casa vascas para hacer sus *talos* o las panaderas portuguesas para elaborar broas como esta... pero también los pasteleros japoneses para conseguir que un *mochi* de harina de arroz sea elástico, o los panaderos rusos para que el centeno tenga una textura esponjosa y firme. El mismo problema (falta de gluten o bien gluten débil), la misma solución: escaldar el cereal.

En esta receta, mezclaremos una parte de maíz por dos de centeno integral. El resultado es un pan sólido, de esos que dejan

1 2 3

4

5

6

7

el cuchillo manchado y un sabor indeleble en el paladar. Si has estado en Galicia o en el norte de Portugal, seguro que lo reconoces.

Ingredientes	
Masa madre de centeno integral	250 g
Harina integral de centeno	325 g
Harina de maíz	200 g
Agua hirviendo para escaldar el maíz	375 g
Agua para la masa (115-123 %)	250-300 g
Sal	15 g

La noche anterior, mezcla 10 g de masa madre (1) con 120 g de harina integral de centeno y 120 g de agua. Al día siguiente (tras unas 10 horas), la masa estará esponjosa y aromática (2). Vierte el agua recién hervida sobre la harina de maíz y remueve con una cuchara grande hasta formar una pasta (3 y 4). Deja que se enfríe ligeramente hasta que esté tibia, sin que llegue a quemar, y entonces mezcla el resto de los ingredientes (5).

Las distintas variedades de maíz y centeno difieren mucho en cuanto a su capacidad para absorber agua, por eso se menciona un abanico de unos 250 a 300 g de agua en la receta. Empieza por la cantidad menor, y ve añadiendo agua hasta obtener la textura de la imagen (6). Tiene que ser densa y tibia por el calor del escaldado de maíz y mancharte las manos, pero no ser tan floja que se desparrame por la mesa. Deja que fermente 1 hora y pásala a la mesa enharinada (7). Usando harina para que no se te pegue la masa (8), dale forma de bola, intentando incorporar algo de tensión para que quede más alta que ancha (9). Ponla sobre una hoja de papel de hornear y deja que fermente unas 2 horas y media. En realidad será la propia masa la que te indicará el momento en que tendrás que meterla en el horno, puesto que se abrirá mostrando grietas (10). Si hubiéramos hecho una masa muy liquida, se caería con rapidez.

Hornéala durante 15 minutos a 250 °C con mucha humedad (vierte medio vaso de agua en una bandeja metálica muy caliente) y luego otra hora y media a 200 °C (un total de hora y tres cuartos). Una vez hayas sacado el pan del horno, déjalo que madure y se asiente un día entero. Notarás cómo mejora cuando pasan unas horas.

¿Por qué es interesante esta receta?

Enseña a trabajar el maíz, pero la misma técnica es válida para cereales con poco o nada de gluten, incluso para la espelta, un trigo con mucha proteína, pero con poca fuerza. Usamos un formado sin molde ni tela; la gravedad hace que el pan adquiera la hipnótica forma final.

Variaciones

Por supuesto, puedes añadir una parte de trigo, ya que hará que quede más esponjoso. Busca y experimenta con distintas variedades de maíz. Este es un pan que agradece el gran formato: si tienes un horno grande, elabora piezas de 3 kg o más.

Bollitos de sémola y comino con *tang zhong*

El secreto de un bollo esponjoso y ligero reside en la incorporación tardía de las grasas; así se hace el brioche clásico, un buen roscón de reyes o un panettone. La regla es sencilla: cuanta más grasa añadas a la masa, más tiempo tienes que amasar antes de incorporarla. No es raro ver masas de bollos lujuriosos que llevan el 75 % de mantequilla sobre el peso de harina. En ese caso, la masa tiene que estar perfectamente trabajada antes de añadir la grasa. Si no lo hiciéramos así, la grasa impediría la correcta formación del gluten y el pan sería pesado y denso.

No obstante, esto no es lo único que puedes hacer para conseguir unos bollos jugosos y exquisitos. Esta receta te proporciona otras claves: puedes usar un poco de sémola y azúcar moreno húmedo, que darán jugosidad; también una mezcla de harina y agua casi al punto de ebullición, que otorga a la masa el toque final de textura y conservación. Esta última técnica, llamada *tang zhong* o *roux* de agua, lleva años causando furor en Asia, donde les gustan las masas enriquecidas, ligeras y jugosas. Si te fijas, es una técnica semejante al escaldado que hemos usado en algunas recetas de centeno.

Cuando elaboras masas con mucho azúcar estás haciendo que a la levadura y al gluten de la masa les resulte difícil su trabajo, ya que el azúcar les quita el agua. Para compensarlo, puedes aumentar la cantidad de levadura y, en casos extremos (masas con más del 15 o el 20 % de azúcar), retrasar la adición del azúcar para no interferir en el desarrollo del gluten.

Para rematar estos bollos, he usado comino, una especia que no solemos asociar con lo dulce, al contrario que el hinojo o

4

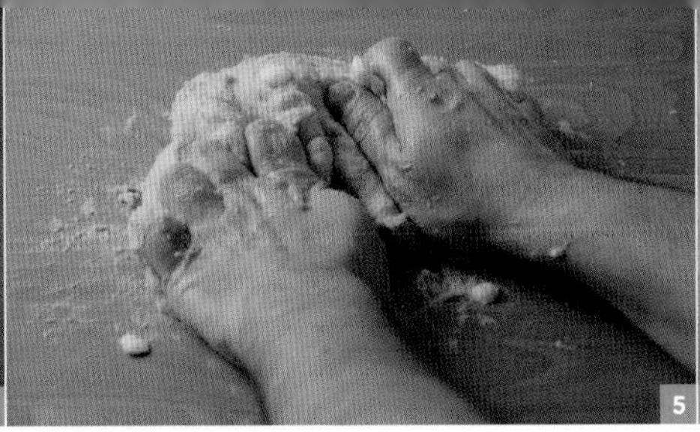

5

6

el anís. No obstante, el comino con azúcar y lácteos produce unos aromas sutiles e inesperados.

Ingredientes	
Tang zhong	
Agua (34 %)	200 g
Harina	40 g
Masa	
Harina de fuerza	420 g
Sémola fina de trigo duro	125 g
Leche (20 %)	120 g
Huevo (9 %)	1 (50-55 g)
Mantequilla	80 g
Azúcar moreno húmedo	65 g
Levadura fresca	10 g (si es levadura seca, 3 g)
Sal	6 g
Comino molido	2 cucharadas de postre
Huevo, azúcar moreno y un poco de comino molido para decorar	
Hidratación total	63 %

Para hacer el *tang zhong*, calienta la harina y el agua a fuego medio y remueve constantemente hasta que la mezcla espese un poco y la cuchara o las varillas empiecen a dejar rastro. Remueve con rapidez para que la preparación no llegue a hervir (1). Si tienes un termómetro, debería alcanzar una temperatura de unos 65 °C. Deja que se enfríe (lo puedes hacer la noche anterior y meterlo a la nevera cubierto con film transparente para que no se cree una película).

Mezcla los ingredientes secos de la receta para que estén repartidos de forma homogénea (2). Incorpora el resto de ingredientes menos la mantequilla. La textura tiene que ser manipulable, que deje tu mano casi limpia, menos alguna partícula pegajosa (3). Amásala plegándola sobre sí misma y haciéndola rodar con suavidad sobre la mesa. Nota cómo se va afinando su textura. Tras 4 o 5 minutos de amasado, incorpora la mantequilla a tempe-

7

8

9

ratura ambiente, blanda pero no fundida, cortada en dados (4). Chafa la masa y la mantequilla, y júntalas con las manos hasta que no se vean trozos de mantequilla (5). Entonces amasa otros 10 minutos, hasta que la masa esté lisa. Deja que fermente hora y media en un bol (6 y 7); queremos que crezca notablemente, hasta que sea el doble de grande.

Divide la masa en porciones de unos 80-90 g, y forma bolas, haciéndolas girar con rapidez con una mano sobre la otra o sobre la mesa. Forma con la mano superior una especie de jaula para que la bola no se escape, y hazla rodar con rapidez sobre un eje imaginario, sin que se mueva de su lugar, hasta que tenga una superficie lisa y un recogido en forma de espiral en la parte inferior (8). Dispón las bolas de forma un poco holgada (piensa que crecerán) y separadas en una fuente de horno redonda u ovalada (9 y 10). Deja que fermenten hora y media cubiertas con un paño, hasta que se toquen las unas con las otras y hayan doblado su volumen (11). Pincélalas con huevo y espolvorea azúcar moreno (12). Si quieres un sabor más aromático, espolvorea un poco de comino recién molido por encima. Hornéalas a 190 °C durante 30 minutos (13). Saca la fuente del horno, desmolda los bollitos y deja que se enfríen. Permite que los invitados se sirvan directamente desgarrando los bollitos de la mano (14 y 15).

10

11

12

¿Por qué es interesante esta receta?

Introduce conceptos básicos de bollería: el añadido tardío de las grasas y el azúcar. Uso del *tang zhong* y de humectantes como el azúcar moreno.

Variaciones

Esta receta es un compendio de técnicas; no tienes por qué usarlas todas juntas. Acostúmbrate a retrasar el añadido de grasas en las masas dulces y a usar el *tang zhong* cuando hagas bollitos o panes ligeros.

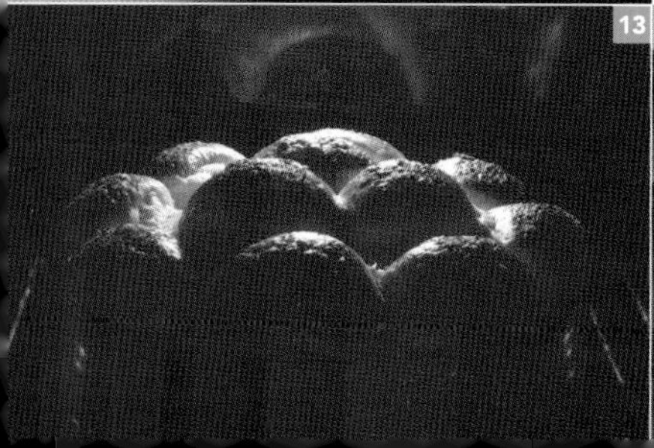
13

14

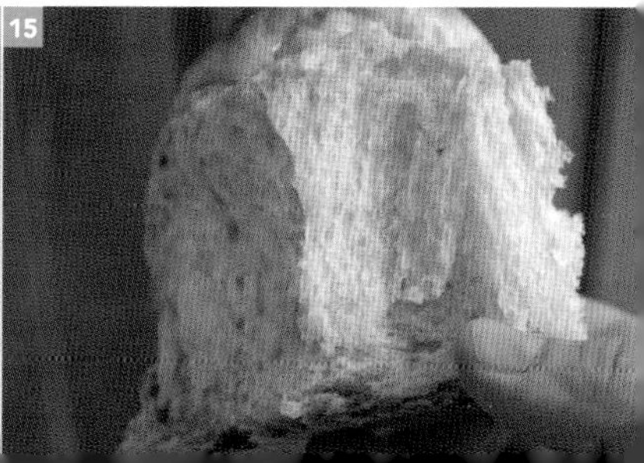
15

Ensaimada

Estamos muy acostumbrados a las masas hojaldradas de mantequilla como el croissant o el hojaldre, que se elaboran mediante un delicado proceso de plegado y estirado de una masa que envuelve una plancha de grasa. No obstante, esta no es la única manera de conseguir una masa hojaldrada irresistible. En muchos lugares del mundo usan la técnica que se emplea con la ensaimada. La masa se estira hasta dejarla casi transparente y luego se enrolla para conseguir el bocado perfecto. A esto le sumamos el sensual paso por boca de una buena manteca y el resultado es la irresistible ensaimada. La palabra *ensaimada,* de hecho, procede del catalán *saïm*, «manteca» (semejante al castellano *saín,* en desuso). Al contrario que otras masas hojaldradas, cuya elaboración es algo delicada y puede llevar a la frustración, la ensaimada es bastante asequible, y su manipulación es divertidísima y, cuando se estira la fina capa de masa hasta dejarla prácticamente transparente, puede llegar a ser hipnótica.

La ensaimada es una masa fascinante para aprender los procesos de amasado y formado, ya que la clave para conseguir su textura única es un buen amasado que permita estirarla. En casa, sin una amasadora, lo más sencillo es intercalar breves periodos de amasado con otros de reposo: la masa acaba amasándose sola. Además, al ser una masa con un alto contenido en azúcar, la fermentación se ralentiza muchísimo. Entre otras cosas, nos ofrece una buena lección sobre el comportamiento de las masas dulces, ya que no es raro que el tiempo de fermentación se sitúe entre 12 y 24 horas, dependiendo de la temperatura y la cantidad de levadura (algo similar a lo que tardaría en fermentar

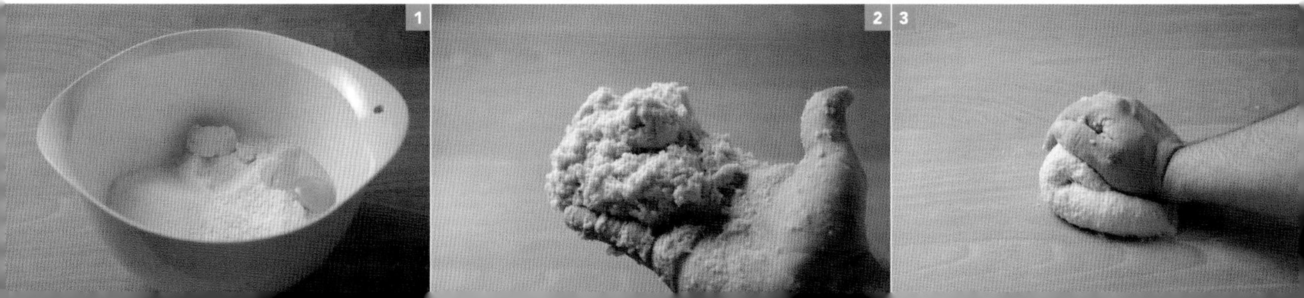

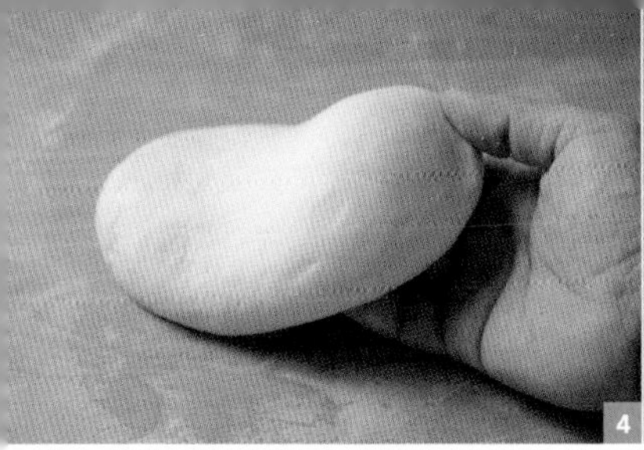
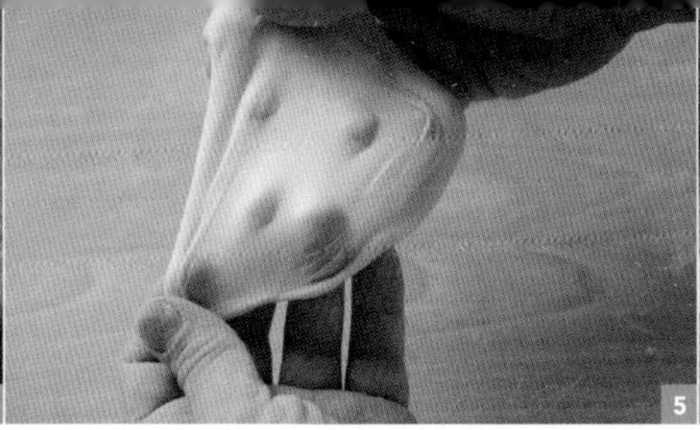

un *panettone*). La receta propone una ensaimada sencilla, sin relleno, pero anímate a hacer variedades clásicas, rellenándola con sobrasada o cabello de ángel; o bien cortándola una vez fría y rellenándola de crema. Pero, ¿por qué quedarse ahí? Seguro que donde estés hay algo delicioso para añadir a la ensaimada, aunque sean variaciones heréticas: desde chocolate a manteca *colorá*, o incluso mantequilla de cacahuete y miel.

Ingredientes	
Harina de fuerza	300 g
Agua (35-36 %)	105-110 g
Azúcar	90 g
Huevo (mediano) (18 %)	55 g
Masa madre (natural o de levadura)	30 g
Levadura	2-5 g (dependiendo de la temperatura)
Manteca para rellenar	200 g
Hidratación total	53 %

Unas horas antes (o la noche anterior), prepara la masa madre con 20 g de harina, 10 g de agua y 0,5 g de levadura (o bien usa un poco de masa madre o un recorte de otra masa).

Mezcla todos los ingredientes menos la manteca (1). Si hace mucho calor, emplea menos cantidad de levadura y no la incorpores hasta el final del amasado, ya que va a ser largo y la masa podría comenzar a fermentar. Al principio, la masa será algo pegajosa a causa del azúcar (2); amásala un par de minutos y deja que repose otros cinco. Transcurrido ese tiempo, la podrás trabajar sobre la mesa con más comodidad (3). Amasa de la siguiente manera: un par de minutos sobre la mesa y 10 minutos de reposo; sin demasiado esfuerzo, conseguirás una masa lisa (4), que en dos o tres intervalos de amasado y reposo podrás estirar hasta conseguir una membrana muy fina (5). Una vez tengas lista la masa, deja que repose cubierta al menos durante 25 minutos, para que se relaje y puedas estirarla. Unta la mesa con aceite y estira la masa hasta formar una tira de más de 1 m de largo y unos 20 cm de ancho (6); si

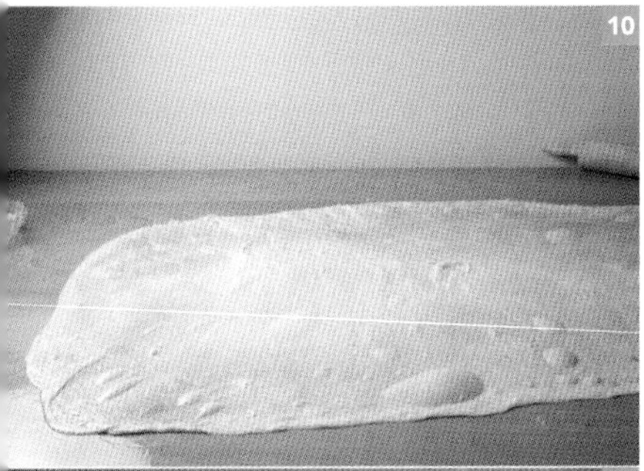

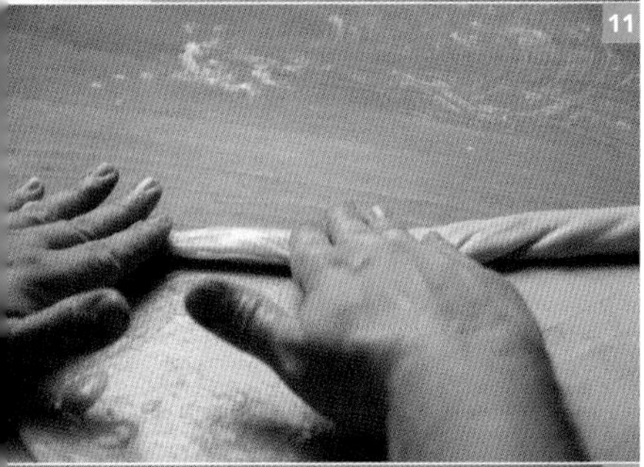

no tienes una mesa suficientemente grande, haz dos ensaimadas medianas. Unta la tira de masa con la manteca (7 y 8). Con cuidado, pero tirando con decisión, ve estirando la masa hacia los lados (9), hasta conseguir que cuadruplique su superficie y la masa quede casi transparente (10). Entonces enrolla la masa por el lado más largo (11) hasta conseguir un largo cilindro de masa. Si quieres rellenarla, pon el relleno, por ejemplo, cabello de ángel, en el borde de uno de los dos lados largos y usa el relleno como guía para enrollar. Deja que la masa repose unos 15-25 minutos antes de estirarla y enrollarla (12). Una vez haya reposado, podrás estirar el cilindro de masa y hacer una gran espiral (13), pero asegúrate de dejar espacio para que la masa crezca al fermentar. Si no la estiras lo suficiente y no dejas espacio, la ensaimada quedará algo tosca. Ferméntala al menos durante unas 12 o 14 horas. Dependiendo de la temperatura y de la cantidad de levadura, puedes irte tranquilamente a las 20 horas (14). La ensaimada debería estar muy hinchada, con cuerpo. Hornéala durante 18-20 minutos a 180 °C (15) con mucho cuidado para que no se dore demasiado (no emplees el ventilador del horno). Deja que se enfríe y espolvorea con azúcar glas.

¿Por qué es interesante esta receta?

Muestra una forma sencilla y divertida de conseguir una masa hojaldrada. Enseña a manipular masas hasta el extremo de su extensibilidad. No usa harina, sino aceite, como medio de trabajo. Es posible comprobar cómo una masa dulce puede requerir mucho tiempo para levar. Es una introducción divertida al mundo de la bollería.

Variaciones

Clásicos como el cabello de ángel o la sobrasada; rellenos dulces y salados. Con la misma masa puedes elaborar pequeñas ensaimadas pero, ¿por qué no formarla como pequeños bollos de sorprendente textura?

Bollos de cardamomo

Para los suecos, los bollos son una cosa muy seria. El bollo de canela es uno de sus iconos gastronómicos nacionales; lo encuentras allí donde haya un sueco. De hecho, en sueco tienen una deliciosa palabra, *fika*, que define beber algo caliente acompañado de un tentempié, normalmente una buena variedad de bollos y pasteles. Es más, una tradición sueca considera que un buen anfitrión no ofrecerá a su invitado menos de siete tipos de pasteles a la hora del *fika*.

Uno de los secretos del famoso bollo de canela sueco es que la masa contiene cardamomo (de hecho, la de esta receta es la misma para ambas preparaciones, tan solo hay que cambiar el relleno). En pastelería sueca, el cardamomo es una especia tan usada como puede serlo la vainilla en otros países. En el caso de estos bollos, la especia, que mucha gente asocia con el curry y las comidas asiáticas, se convierte en un aliado insospechado de la mantequilla y lo dulce, lo que da lugar a algunas de las sensaciones más inolvidables que se puedan amasar.

Esta receta ignora varios conceptos clásicos de bollería. Por un lado, mezcla directamente la mantequilla y la harina (por lo general, para conseguir una masa esponjosa, añadimos la mantequilla una vez se ha trabajado un poco la masa). Por otro lado, hornea de una manera increíble; al contrario que nuestra cultura, donde la bollería se hornea a temperatura media o baja (200-180 °C), en Suecia hornean con el fuego muy fuerte, consiguiendo así que la corteza se dore de manera rápida, pero que el interior quede jugoso.

1

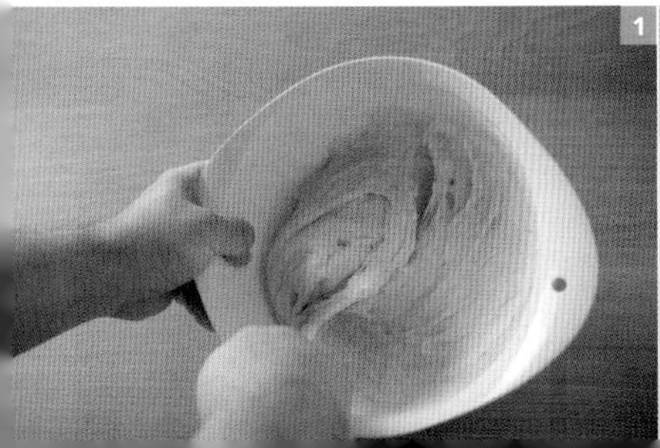

2

3

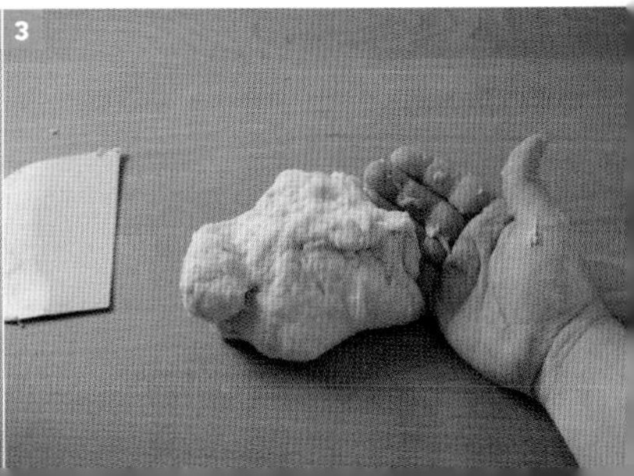

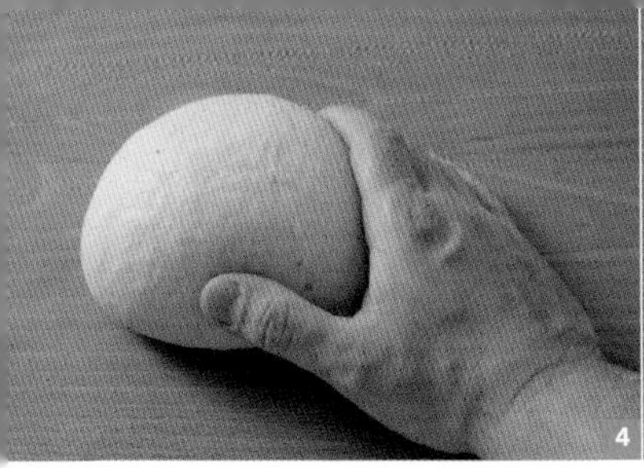

Relleno y formado de unos bollos de cardamomo.

Ingredientes (para unos 12-20 bollos)	
Harina	390 g
Leche (53 %)	210 g
Azúcar	75 g
Mantequilla	75 g
Levadura	9-12 g (3-4 g de levadura seca)
Sal	4 g
Cardamomo molido	1 cucharadita (5 ml)
Relleno	
Mantequilla	70 g
Azúcar moreno	70 g
Cardamomo molido*	1 cucharadita (5 ml)
Para decorar: huevo para pincelar, azúcar perlado, almendras fileteadas, cardamomo molido.	

* Para bollos de canela, sustituye el cardamomo por una cucharada sopera de canela, es decir, 15 ml).

Derrite la mantequilla en la leche caliente. Cuando alcance la temperatura corporal, deslíe la levadura. Incorpora en un bol grande dos tercios de la harina y la mezcla de leche y mantequilla, y remueve con una cuchara de madera grande durante unos 5 minutos (1), hasta que la pasta forme ligazones al separarse de las paredes del bol. Muele solo las pequeñas semillas del interior de la vaina de cardamomo (2). Incorpora el resto de la harina con el azúcar, la sal y el cardamomo y mezcla bien. Pasa la masa a la mesa para trabajarla hasta que esté lisa y brillante. Tiene que pegarse ligeramente a las manos cuando la saques del bol (3), pero su textura debe ser sedosa tras unos 7-10 minutos de amasado (4).

Déjala fermentar aproximadamente 1 hora; no hace falta que doble el volumen. Estírala con el rodillo sobre la superficie de trabajo espolvoreada con harina y haz un cuadrado de masa de unos 40 x 40 cm y de un grosor de unos 3 mm.

Con los ingredientes del relleno (5), elabora una pasta con la que untarás el cuadrado de masa (con la ayuda de una espátula o cuchillo grande) [6]. Dóblala en tres, como si fuera un tríptico,

como una vuelta simple de hojaldre. Déjala reposar 10 minutos para que se relaje y haz tiras de masa transversales (por el lado más corto) de aproximadamente 1 cm de ancho (7); deberías obtener unas 12-20, dependiendo de la anchura de la masa.

Haz nudos o lazos con la masa; por ejemplo, retorciendo las tiras como un sacacorchos y enrollándolas en espiral, como si fueran una ensaimada (8, 9 y 10).

Déjalos fermentar unos 50-60 minutos, hasta que adquieran un poco de volumen. Es importante que no se hinchen demasiado, ya que luego se secarían con rapidez. Pincélalos con huevo (11), decóralos con azúcar perlado (o bien azúcar blanquilla, cardamomo y almendras fileteadas) y hornéalos a 250 °C durante unos 6 o 7 minutos.

Cuando los saques del horno, los bollos tienen que estar blandos, y al darles la vuelta y tocar su base, esta tiene que estar dorada pero blanda, de manera que te haga dudar de si están cocidos. Es la garantía para disfrutar de unos bollos tiernos y jugosos (12).

¿Por qué es interesante esta receta?

Por la elaboración de bollería sin recurrir a la técnica del brioche (añadido retrasado de la grasa, como en los bollos de la página 114), por la incorporación de nuevos sabores y una técnica de horneado muy buena para piezas pequeñas. Si horneáramos estos bollos durante más tiempo, posiblemente quedarían más secos.

Variaciones

Por supuesto, la canela. Como se indica en la receta, sustituye la cucharadita de cardamomo molido del relleno por una cucharada de canela molida, pero... ¿por qué detenernos ahí? ¿Has probado cómo queda el comino con algo dulce? ¿Y una mezcla de anís e hinojo? Incorpora también almendra molida al relleno, o pasas y nueces. Puedes enrollar la masa como si se tratara de un brazo de gitano y luego cortar rodajas, las típicas espirales. A tu gusto.

Bollos holandeses de canela

En muchos bollos (como los de cardamomo de la página 122), estamos acostumbrados a que el relleno vaya por dentro de la masa, pero ¿es la única manera? Esta antigua receta holandesa nos enseña otros modos de proceder. En lugar de hacer un brazo de gitano y cortar rebanadas, como se hace con otros bollos con canela, como los *cinnamon rolls* americanos o los *chelsea buns* ingleses, estos bollos se elaboran con bastones de masa que se estiran sobre una mesa llena de abundante azúcar moreno y canela. El resultado es increíble. Si usas un azúcar moreno húmedo (como una panela o un muscovado), este se irá fundiendo al fermentar y cuando lo introduzcas en el horno será casi un almíbar, con lo cual saldrá hecho todo un caramelo de canela. Si a esto le sumas las deliciosas y crujientes estrías que se forman al estirar y rodar la masa sobre la mesa llena de azúcar, el resultado es poco menos que espectacular.

Curiosamente, esta receta de la región de Zelanda (de ahí su nombre, *Zeeuwse bolussen*) podría tener un origen ibérico, ya que la habrían llevado a Holanda los judíos sefardíes que llegaron allí en el siglo XV. De hecho, su nombre holandés, *bolus,* es descendiente de nuestro bollo. Son elaboraciones como esta las que devuelven a la palabra *bollo* todo su honor.

Creo que estos son mis bollos de canela favoritos. La manera de servirlos y comerlos es no menos llamativa, ya que se sirven del revés y, si eres muy holandés, se untan con mantequilla.

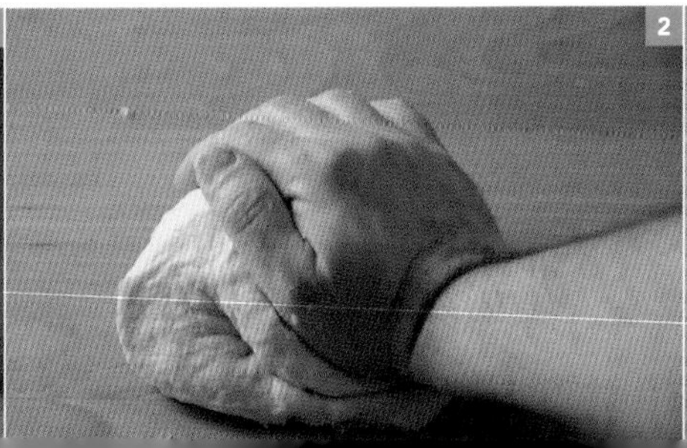

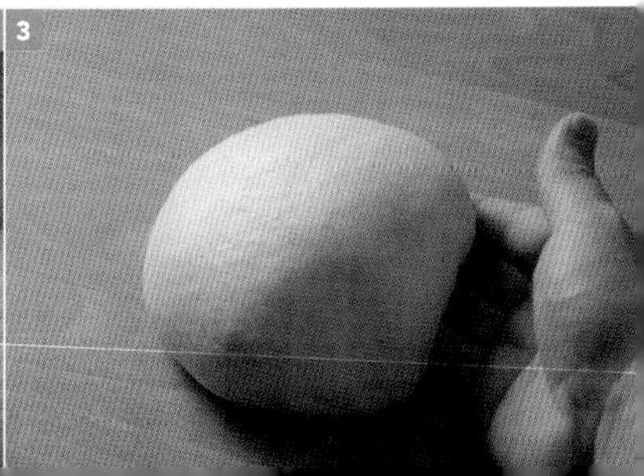

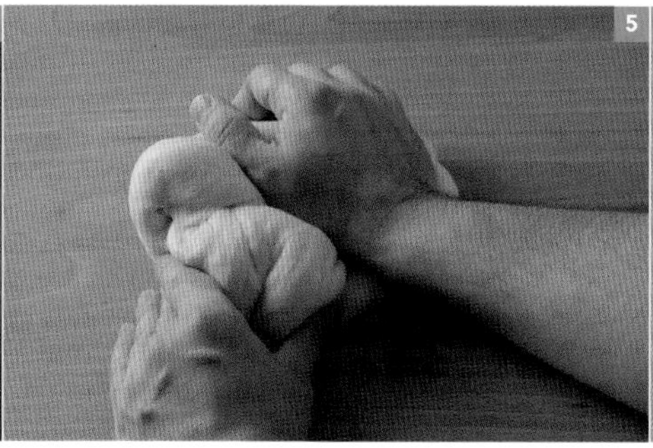

Ingredientes	
Harina de fuerza	500 g
Leche (46 %)	230 g
Mantequilla	80 g
Huevo (11 %)	1 unidad (55 g)
Azúcar blanco	25 g
Levadura fresca	10 g (si es levadura seca, 3 g)
Sal	8 g
Ralladura de medio limón	
Para el formado	
Azúcar moreno húmedo	200 g
Canela molida	2 cucharadas soperas
Hidratación total	57 %

Boleado de bollos de canela.

Formado de bollos de canela.

Mezcla todos los ingredientes de la masa. Quedará una masa un poco pegajosa (1). Déjala reposar 10 minutos. Transcurrido este tiempo, y al trabajarla un par de minutos sobre la mesa, la masa dejará de pegarse (2). Amasa unos 10 minutos, plegándola sobre sí misma y haciéndola rodar suavemente sobre la mesa hasta que esté fina y satinada (3), como se muestra en la secuencia de la página 40. Deja que fermente una hora y media en un bol hasta que se hinche bastante; no te preocupes si no dobla su volumen (4). Entonces pásala a la mesa y desgásala plegándola y amasándola 20 segundos con mano firme (5). Divide la masa en porciones de unos 100 g y boleálas. Puedes hacerlo sobre la mesa o entre tus manos. Forma con ellas bolas homogéneas, haciéndolas girar con rapidez con tu mano sobre

9

10

11

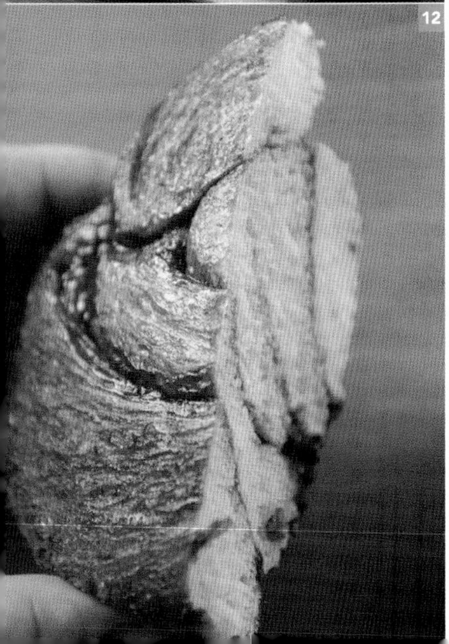
12

la mesa. Forma con la mano una especie de jaula para que la bola no se escape, y hazla rodar sobre un eje imaginario, sin que se mueva de su lugar, hasta que tenga una superficie lisa, menos un recogido en forma de espiral en la parte inferior (6).

Deja reposar las bolas de masa 10 minutos mientras mezclas el azúcar moreno y la canela (7) y esparces la preparación de manera uniforme por la mesa. Con cada bola forma un palo de masa de unos 15 o 20 cm y haz que ruede con las dos manos sobre la mezcla de azúcar y canela (8). Estíralo hasta que mida unos 40 cm; intenta que ruede retorciéndolo para que se creen estrías y atrapen aún más azúcar con canela. Enrolla cada palo de masa en forma de espiral y disponlos sobre una hoja de papel de hornear. Cuando los dejes sobre la hoja, aplástalos con fuerza usando la palma de tu mano (9). Puedes espolvorear un poco del azúcar sobrante sobre los bollos en la bandeja. Deja que fermenten hasta que doblen su volumen y observa cómo el azúcar va fundiéndose mientras fermenta (10). Hornéalos a 240 °C durante 8 o 10 minutos. El truco es que el azúcar fundido de la superficie llegue a formar caramelo, pero que no se ponga duro ni se queme. Una vez horneados, saca la bandeja y deja que se enfríen en ella un par de minutos antes de darles la vuelta (11 y 12).

¿Por qué es interesante esta receta?

Enseña maneras primitivas de elaborar bollería, sin retrasar el añadido de las grasas. Muestra otro modo de rellenar los bollos, desde fuera. La manipulación tiene un impacto sorprendente en el producto final.

Variaciones

Sin duda, puedes añadir ingredientes a la masa, como pequeños trozos de nueces. Si tienes suerte y consigues un azúcar con gruesos trozos de melaza endurecida, incorpóralos a la masa para que se fundan durante la cocción; un pan típico holandés, el *suikerbrood*, hace exactamente esto. Prueba a introducir anís o comino junto con la canela.

Recetario: ingredientes y sabores

La tercera parte del recetario ofrece un abanico de sabores e ingredientes que apenas enseñan el infinito universo del pan. Algunos son aromas y sabores muy cercanos, mientras que otros son inesperados y sorprendentes. Las variaciones no afectan solamente a la incorporación de algún ingrediente a la masa, sino que también la alteran desde su propia concepción. Recetas de todo el mundo nos muestran cómo el pan no tiene por qué ser harina, agua y sal, sino que casi cualquier ingrediente tiene cabida en este alimento. Un cuarto de las 32 fórmulas de este recetario son dulces, y a muchas otras no les faltan sabores y aromas para soñar con un trozo de pan entre los dientes.

Pan de trigo, centeno, pasas y nueces

Este pan es un clásico; la combinación de sabores que proporcionan la acidez de la masa madre, el sabor un poco acre del centeno, el dulzor de las pasas y las notas amaderadas de las nueces es imbatible. Durante los últimos años me he hartado de hacerlo y todo el mundo siempre quiere más. Curiosamente, este pan es en harina lo que en cocina sería un plato agridulce, a lo que mucha gente no parece estar muy acostumbrada.

Solo necesitas una buena masa madre (como se explica en el capítulo primero y se usa en varios panes de este libro) y un par de buenas harinas. La amalgama de sabores se completa con un poco de algún sirope (de caña, arce, remolacha, malta, etcétera) o una buena miel. Me gusta usar pasas de Corinto, pequeñas, arrugadas y aromáticas; son auténticas perlas de sabor, aunque a veces no son las más fáciles de encontrar. El sabor de unas buenas nueces recién peladas es único; no merece la pena usar nueces peladas del supermercado.

Las proporciones de masa madre, harina de trigo y centeno harían de este un gran pan sin las pasas ni las nueces (que es lo contrario que ocurre con los panes «con cosas» de mentirijillas que venden en algunos sitios; su masa es mediocre).

Ingredientes	
Masa madre integral de centeno	150 g
Harina de media fuerza	400 g
Harina integral de centeno	100 g
Agua (65 %)	300 g
Sirope o miel	15 g
Sal	10 g
Pasas	100 g
Nueces	100 g

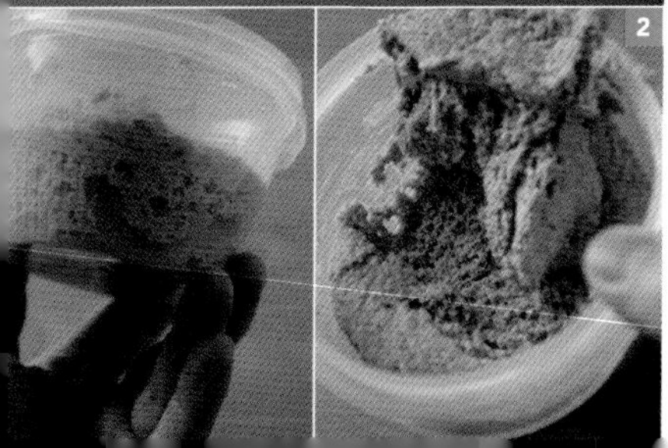

La noche anterior, mezcla 5 g de masa madre (1), es decir, media cucharadita, con 75 g de harina integral de centeno y 75 g agua.

3

4

Remueve bien y deja que fermente unas 10 o 12 horas a temperatura ambiente. Al día siguiente estará esponjoso y muy aromático (2). Mezcla todos los ingredientes menos la sal, las pasas y las nueces, y déjalos reposar un cuarto de hora (3). La masa tendría que ser un poco pegajosa (4). Tras el reposo y un par de minutos de trabajo, la masa tendría que dejarse amasar (con un poco de dificultad) sobre la mesa (5). A mitad del amasado, añade la sal (6) y sigue trabajando hasta que la masa esté lisa y fina (7). Si amasas de una vez, emplearás unos 8 o 10 minutos. De lo contrario, puedes optar por amasar 10 o 15 segundos y dejar 10 minutos de reposo, y repetir este ciclo tres veces. Una vez amasada y reposada un par de minutos, la masa tendría que mostrar una membrana fina y homogénea, a pesar de llevar una buena cantidad de harina de centeno integral (8). Si ves que la masa aún está muy basta y no se estira con facilidad, déjala reposar 10 minutos, y vuelve a amasar otros 3 o 4 minutos más. Una vez amasada, estira la masa sobre la mesa formando un rectángulo, esparce encima las pasas y las nueces de manera homogénea, presiónalas con las manos para que se peguen a la masa y córtala por la mitad superponiendo las dos mitades como si fuera una lasaña; vuelve a cortar y a superponer las dos partes y así otras dos veces (9). Cuando tengas una torre de masa y frutos secos, amasa un par de veces para obtener una bola homogénea y déjala fermentar.

Deja que fermente unas 3 horas, y entonces extiende la masa sobre la mesa muy levemente enharinada. Forma un chusco o barrote plegando la masa sobre sí misma, como formando una espiral en tres pasos. A cada paso, aprieta con los pulgares para sellar, mientras sujetas con las puntas de los demás dedos la masa y la haces rodar sobre sí misma. Es importante que selles bien la masa, evitando incorporar harina, y que recuerdes dónde está el pliegue (10). Deja que el pan fermente con el pliegue hacia arriba sobre una tela enharinada, apoyándola a cada lado con un libro gordo. Tras dos horas y media o tres estará listo. La masa tiene que haber crecido (pero no haber doblado su volumen).

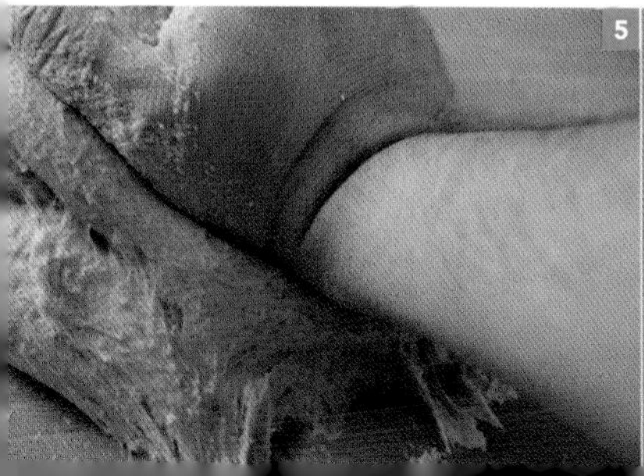
5

6

7

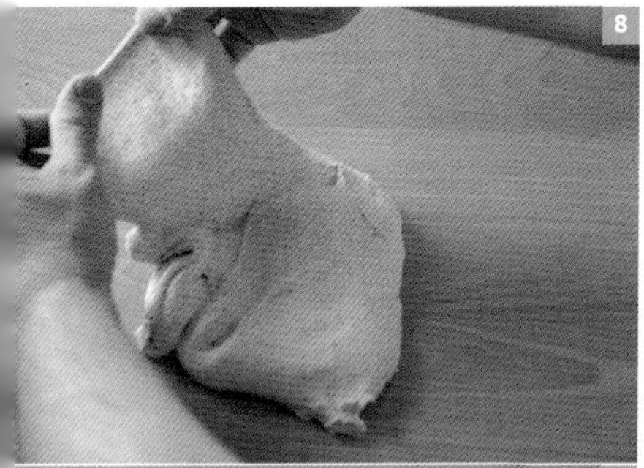
8

9

Incorporación de frutos secos.

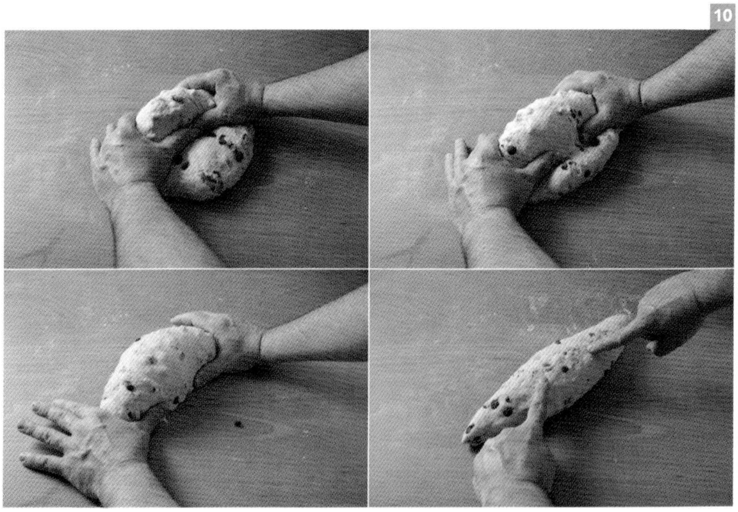
10

Haz un corte con un cuchillo en la parte superior; será la base del pan cuando le des la vuelta antes de meterlo al horno. Cuando la masa esté fermentada, verás miga de pan (11). Vuelca la masa sobre una hoja de papel de hornear y haz dos cortes incidiendo con el cuchillo o cuchilla al bies (muy tumbado) a unos 15° respecto al eje longitudinal imaginario de la pieza (12). Hornéalo 15 minutos a 250 °C con mucha humedad (vierte en una bandeja metálica muy caliente medio vaso de agua) y luego mantenlo otros 40 minutos a 200 °C, ya sin la bandeja. Si puedes, durante esos primeros minutos, usa solo la resistencia inferior del horno, ya que el grill lo secaría e impediría su expansión. Si ves que se tuesta mucho, baja la temperatura a 180 °C. Una vez concluida la cocción, sácalo del horno y déjalo enfriar sobre una rejilla. Este es uno de esos panes que está más rico al día siguiente.

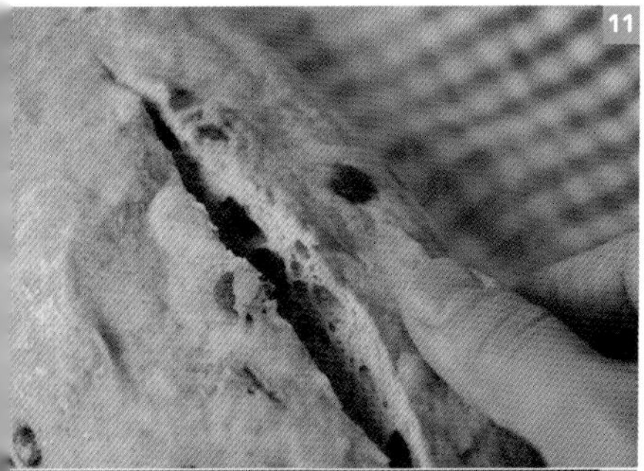
11

12

¿Por qué es interesante esta receta?

Muestra cuándo y cómo incorporar ingredientes sólidos a la masa. La combinación de sabores es perfecta. Te pedirán que hagas más.

Variaciones

Este pan es perfecto para incorporarle un poco de levadura (1 g de levadura fresca, o 0,3 g de levadura seca) y dejarlo fermentar una noche en la nevera una hora después de acabar el amasado. Usa cualquier fruta y fruto seco que tengas a mano. Juega con la hidratación (la de la receta es justa), para que sea más fácil de manipular (puedes añadir más agua si quieres conseguir una textura un poco más abierta).

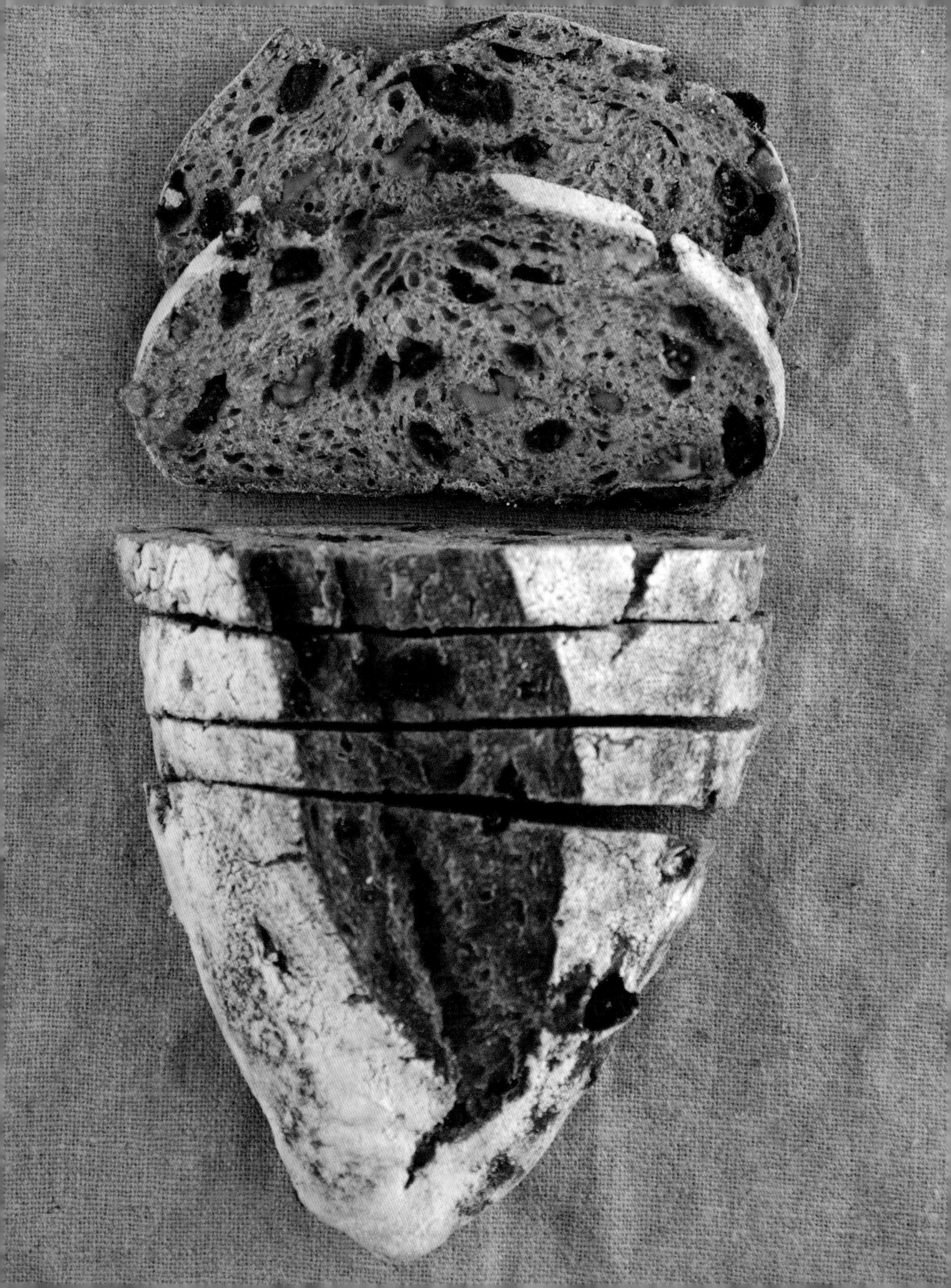

Pan multicereales con semillas

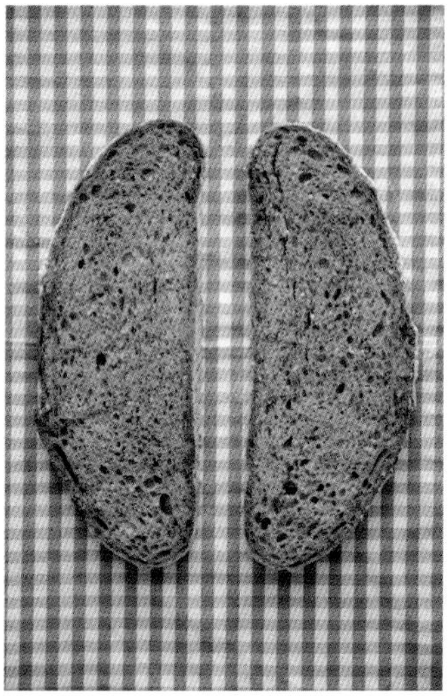

A mucha gente no le atrae el pan integral. Le resulta muy denso, pesado y poco atractivo. Si a esto le añadimos que muchas personas no están acostumbradas al intenso sabor que la masa madre proporciona a algunos panes rústicos, el camino está complicado para una buena parte de la población. Este pan usa una madre de levadura de origen italiano, llamada *biga,* que se elabora con poca agua y produce un aroma suave y limpio. La biga hará que el pan tenga buen fondo de sabor, que leve muy bien y que tenga una buena estructura a pesar de ser un pan con mucha harina integral (incluso harina sin gluten). Para hacer el pan inolvidable, tuesta las semillas y ponlas en remojo: el líquido mucilaginoso que se obtiene después de remojar las semillas también aporta su granito de arena a la estructura y la jugosidad de la miga.

La mezcla de harinas que propongo es una mera sugerencia: espelta y centeno integral crean el fondo de sabor y textura; un poco de alforfón (también llamado *trigo sarraceno*, aunque no es ni siquiera un cereal) da una gran nota oscura de sabor y color, y el trigo blanco nos ayuda a conseguir una textura tan esponjosa que ni siquiera el enemigo más vehemente del pan integral rechazará.

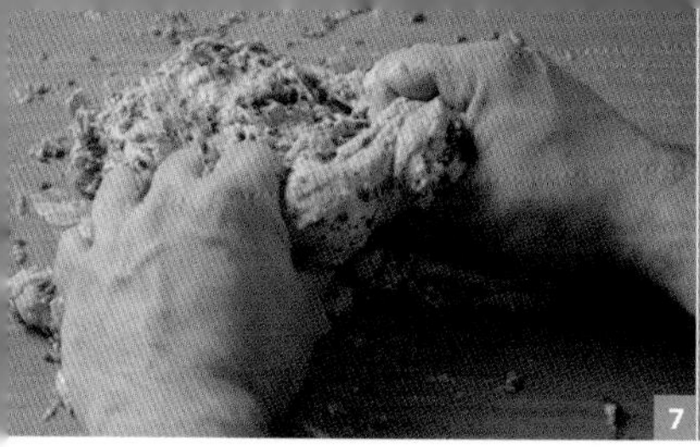
7

8

9

10

11

12

Ingredientes	
Para la biga	
Harina de trigo integral	100 g
Harina de centeno integral	100 g
Agua	120 g
Levadura fresca	3 g (1 g de levadura seca)
Para la mezcla de semillas	
Mezcla de semillas*	75 g
Agua	150 g
Masa	
Biga	323 g
Harina de fuerza	200 g
Harina integral de espelta	75 g
Harina de trigo sarraceno	25 g
Agua (60-64 % + 30 % en semillas)	180-200 g
Sal	11 g

*Girasol, linaza, sésamo, amapola, calabaza, etcétera.

El día anterior (o incluso dos o tres días antes), mezcla los ingredientes de la biga hasta conseguir una bola densa de masa homogénea (1). Introdúcela en un bote y deja que fermente en la nevera de uno a tres días. Cuando la saques del frigorífico, estará esponjosa y tendrá un aroma limpio, alcohólico y penetrante (2).

La noche antes de hacer el pan, tuesta las semillas y mézclalas con el agua y déjalas en remojo cubiertas. Obtendrás una mezcla gelatinosa (3). Incorpora bien todos los ingredientes (incluida la biga), menos la preparación de semillas (4), y mézclalos hasta conseguir una masa homogénea; deja que repose un cuarto de hora. Aunque al mezclarla se pegue un poco (5), tras el reposo y un poco de amasado, la masa será más seca y rodará por la mesa sin pegarse. Amásala unos 8 o 10 minutos plegándola sobre sí misma y haciéndola rodar suavemente sobre la mesa hasta que quede homogénea y satinada. Entonces agrega la preparación de semillas con toda su gelatina (6). Mezcla las semillas con la masa durante un par de minutos (7 y 8). La humedad de las semillas hará que ahora la masa sea mucho más difícil de manejar; es

13

14

15

16

17

normal. Unta una bandeja o contenedor con aceite y deposita la masa allí. Pliégala como si fuera un tríptico; intenta estirarla levemente antes de plegar para incorporar tensión y firmeza a la masa (9, 10, 11 y 12). Repite este plegado al cabo de media hora. Deja que fermente otra hora.

Vuelca la masa sobre la mesa enharinada; con cuidado, recoge los extremos haciendo un hatillo con ella, intentando crear un poco de tensión pero sin desgasarla demasiado (13). Dale la vuelta sobre una parte de la mesa sin harina, dejando debajo el lado con el recogido de masa, y boléala muy suavemente. Solo quieres formar un conjunto homogéneo y darle un poco de tensión (14). Déjala fermentar en un sitio tibio, en un cesto de fermentación o un bol forrado con un trapo bien enharinado, con la base (el recogido) hacia arriba (15). Deja que fermente más o menos una hora y media más, hasta que se hinche bastante, casi hasta doblar su volumen (16). Observa las fotografías y la diferencia que existe entre el pan fermentado y sin fermentar. Para saber si está fermentado, corta un poco su superficie con un cuchillo, tienes que ver que ya tiene miga. Si no la ves, simplemente déjala fermentar más. Una vez fermentada, vuelca la masa sobre una hoja de papel de hornear y realiza tres o cuatro largos cortes paralelos; haz otros tres o cuatro cortes cruzados que definan una estructura de rejilla en rombo (17). Hornéala 15 minutos a 250 °C con mucha humedad (vierte medio vaso de agua en una bandeja metálica muy caliente) y otros 45 minutos a 200 °C, ya sin la bandeja. Una vez hayas sacado el pan del horno, déjalo enfriar.

¿Por qué es interesante esta receta?

Muestra cómo hacer un pan de mucho nivel sin tener que usar masa madre natural: un pan repleto de sabor pero esponjoso. Enseña el uso de la biga, un fermento de levadura muy aromático, y cómo tratar e incorporar semillas.

Variaciones

Puedes hacer este pan con masa madre natural; su perfil organoléptico subirá varios enteros. Intenta usar especias junto a las semillas (anís, comino). ¿Por qué no rebozarlo por completo en semillas? Sumérgelo en agua y hazlo rodar por una cama de semillas (pero recuerda cuál es el lado con el pliegue y ponlo debajo, para que no estalle por ese sitio durante el horneado).

Pan persa

A lo largo y ancho de Asia central, Oriente Próximo y el norte de África es fácil ver panes parecidos a este en cualquier mercado. Largas lenguas de masa dorada, elaboradas con variedades locales de cereal, muchas veces con trigo duro, cuyo aroma y sabor dulzón es inolvidable. En nuestra cultura panadera solemos premiar el volumen, nos seduce la forma abultada de una hermosa hogaza o la greña voluptuosa de una baguette, panes para los cuales los panaderos muchas veces usan harinas de trigos muy particulares, con características plásticas notables. Sin embargo, desde hace miles de años se han elaborado en todo el mundo panes maravillosos con harinas que hoy muchos panaderos rechazarían porque no ofrecen el volumen suficiente. Este pan es un homenaje a las harinas denostadas: prueba a hacerlo con cualquier harina, incluso con la de repostería, verás cómo su miga esponjosa y dulzona te seduce.

Antes de meterlo en el horno, este pan de inspiración persa se baña con un poco de harina hervida en agua, para que la pieza adquiera un precioso tono dorado y una fantástica nota dulce de sabor. El toque de gracia lo proporcionan las semillas de sésamo y de ajenuz (una semilla muy usada en Oriente Próximo, también llamada *kalonji* o *nigella*, por su nombre científico). Le enseñé una fotografía de este pan a mi amigo Shukri, un kurdo neoyorquino que sabe disfrutar de un buen pan casero, y exclamó: «¡Es el pan de mi madre!».

Para conseguir una textura esponjosa, justo antes de introducirlo en el horno, con las yemas de los dedos se crea una

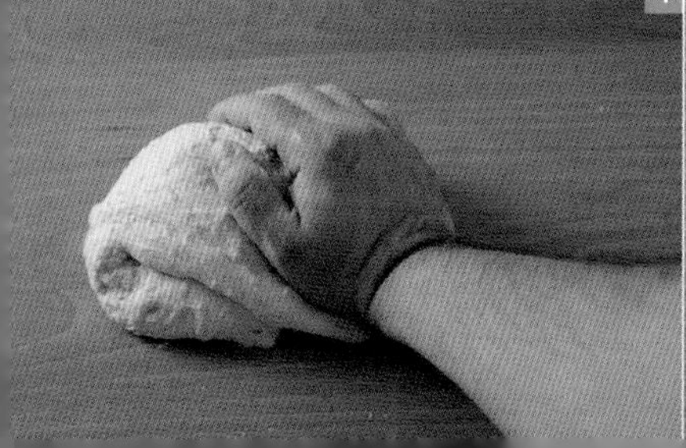

4

5

6

7

serie de surcos. Curiosamente, desde Irán a Aragón, son miles los panaderos que manipulan los panes planos de manera similar antes de introducirlos en el horno, lo que favorece una estructura irregular de los alveolos de la miga.

Ingredientes (para 2 unidades)	
Masa vieja o madre de levadura	
Harina floja	125 g
Agua	75 g
Levadura fresca	1,5 g (0,5 g de levadura seca)
Masa	
Madre de levadura	200 g
Harina floja	350 g
Sémola de trigo duro	150 g
Agua (60-62 %)	300-310 g
Sal	10 g
Para decorar	
Harina	1 cucharada de postre
Agua	1 vaso
Sésamo y ajenuz (*Nigella sativa o kalonji*)	

El día anterior, mezcla los ingredientes de la madre de levadura y amásalos un par de minutos. Reserva la bola de masa en la nevera en un contenedor hermético; puedes dejarla en el frigorífico hasta 3 o 4 días: úsala cuando más te convenga. Si tienes prisa, puedes fermentar la mezcla en 3 o 4 horas.

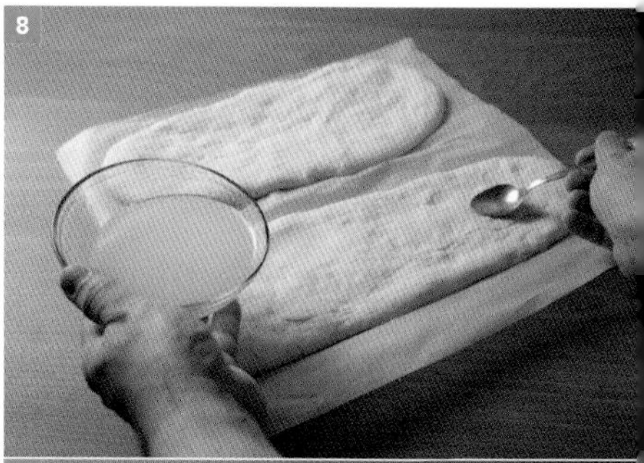
8

9

Mezcla los ingredientes de la masa. Déjalos reposar 5 minutos y amasa plegando la masa sobre sí misma y haciéndola rodar por la mesa. Es una masa que apenas tiene que adherirse a la mesa (1). Tras unos 8 o 10 minutos amasando, estará suave y sedosa (2). Ponla en un bol y deja que fermente una hora y media; habrá doblado prácticamente su volumen (3). Transcurrido este tiempo, divide la masa en dos piezas y, ayudándote de un poco de harina, estíralas apretando con las yemas de los dedos (4) al principio, y luego estirando bien desde los extremos de la masa

(5) [o bien con un rodillo] hasta que tengas dos lenguas de masa de unos 40 cm de largo y 1 cm de grosor (6). Cúbrelas y deja que fermenten hasta que hayan alcanzado casi 2 cm de grosor y estén esponjosas (7).

Mientras la masa fermenta, disuelve una cucharada de harina en un vaso de agua y hiérvela 1 minuto. Reserva este líquido para decorar la masa. Una vez fermentados los panes, distribuye sobre cada uno tres o cuatro cucharadas del líquido hervido (8) y usa las yemas de los dedos para hacer surcos a lo largo de la masa de los panes como si estuvieras tecleando, llegando a tocar la bandeja a través de la masa. Repite los surcos de forma paralela, separados por un par de centímetros (9); esto creará una estructura esponjosa, al tiempo que multiplicará la superficie de corteza. Sin perder tiempo, esparce semillas de sésamo y ajenuz (10) sobre la superficie húmeda del pan (11). Hornéalo a 250 °C durante 10 minutos. Notarás cómo la mezcla hervida de harina y agua hace que el pan adquiera un espectacular tono dorado y un brillo absolutamente apetecible (12). Además, el sabor de la corteza será dulce.

¿Por qué es interesante este pan?

Enseña que se puede hacer pan con cualquier harina, incluso repostera. Muestra técnicas de estirado de masa y el baño con glasa de harina hervida, que hará que cualquier corteza brille y adquiera un precioso tono dorado.

Variaciones

Usa parte de harina integral, e incorpora aceitunas o tomates secos a la masa. Si no tienes horno, haz tortas pequeñas y pásalas por la plancha o la sartén durante 2 o 3 minutos por cada lado.

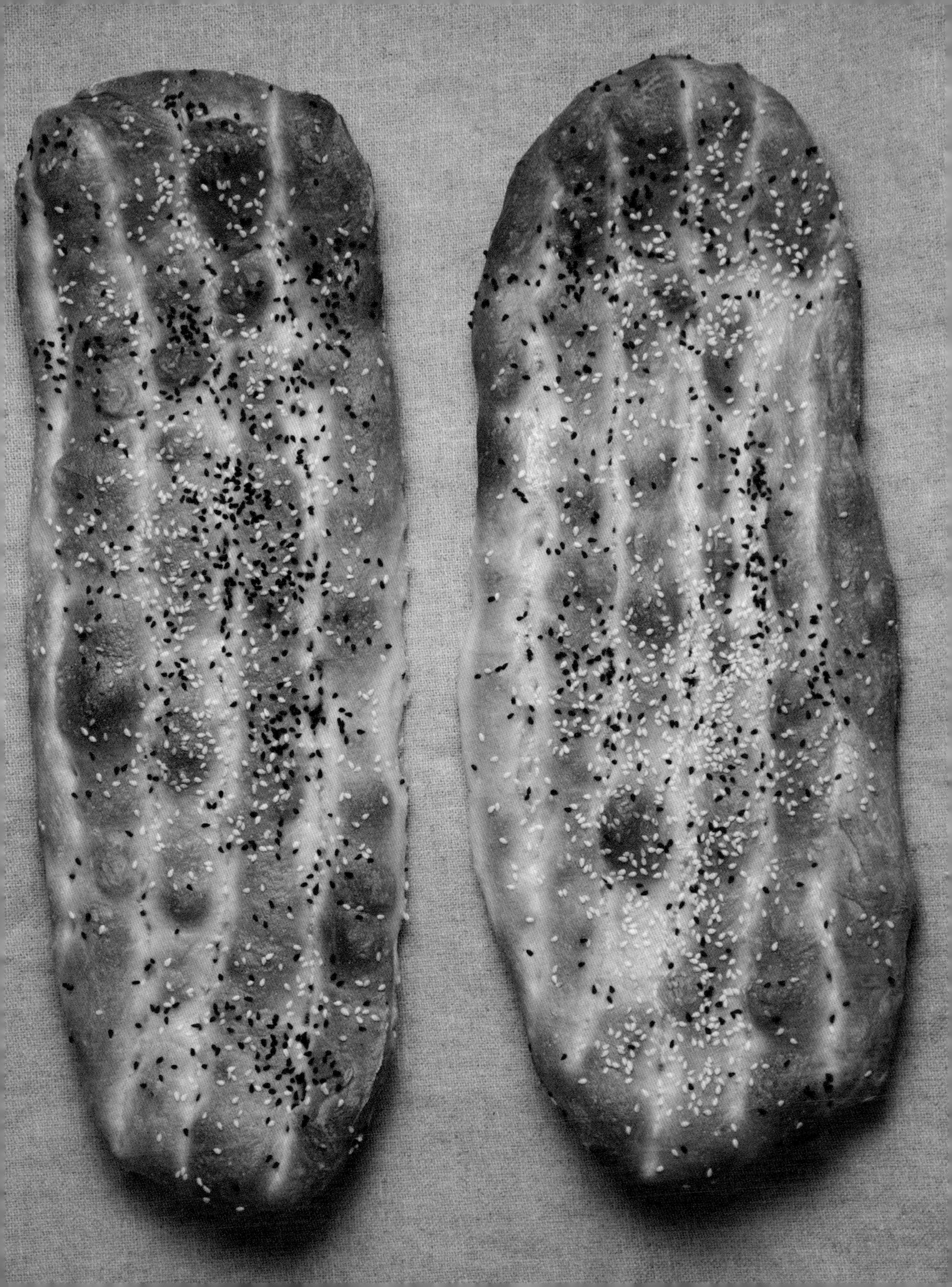

Focaccia de patata con calabaza y chistorra

En Italia, la palabra *focaccia* es casi tan polisémica como los términos *torta* o *coca* en castellano y catalán. Se trata de un pan plano, normalmente enriquecido con aceite y adornado con algún ingrediente sabroso, desde un humilde toque aromático hasta ingredientes como verduras, queso, etcétera. Podríamos decir que es una mezcla entre una pizza y una hogaza plana (de hecho, hogaza y focaccia comparten etimología). Desde Bari a Milán, existen incontables variedades, desde masas gruesas y jugosas, hasta finas láminas de masa; panes que rezuman aceites aromáticos, emparentados con las cocas del levante español, o tortas no muy distintas a la de Aranda.

Para esta focaccia, vamos a usar una masa madre de levadura llamada *biga*, sólida y aromática, e incorporaremos una buena proporción de patata cocida a la masa (1). La patata se deshace en el amasado, pero proporciona una jugosidad y un dulzor que combinan a la perfección con los rellenos sabrosos y aromáticos que quieras utilizar para tu focaccia. Yo he optado por un relleno muy poco ortodoxo, pero puedes decantarte por cosas más clásicas, como romero y aceite de oliva (solo o mezclado a partes iguales con agua), o bien unos tomatitos y un poco de tomillo.

Ingredientes	
Biga	
Harina panificable	140 g
Agua	65 g
Levadura fresca	2 g (0,7 g de levadura seca)
Masa	
Biga	207 g

1

2

3

Harina panificable	450 g
Agua (66-70 %)	330-350 g
Patata cocida y hecha puré	100 g
Sal	12 g
Levadura	7 g
Relleno	
Calabaza picada fina	130 g
Chistorra desmenuzada	130 g
Aceite de oliva para manipular la masa	

El día anterior, mezcla los ingredientes de la biga y amásalos un par de minutos. Obtendrás una bola densa. Resérvala en la nevera de 1 a 3 días en un contenedor hermético; úsala cuando más te convenga. (Si tienes prisa, puedes fermentar la mezcla en 3 o 4 horas.) Tras la fermentación, la biga estará esponjosa y desprenderá un aroma limpio, alcohólico y un poco ácido (2).

Mezcla todos los ingredientes de la masa en un bol. Obtendrás una masa bastante pegajosa (3). Deja que repose un cuarto de hora: verás que la masa es mucho menos pegajosa; entonces trabaja la masa sin sacarla del bol. Con una mano, estira una buena porción de masa y pliégala sobre sí misma (4 y 5). Mientras giras el bol con una mano, repite este gesto con la otra unas diez veces. Deja que la masa repose 5 minutos y vuelve a repetir diez veces el pliegue. Alterna, dos veces más, diez pliegues con un reposo de 5 minutos. (Si te sientes más cómodo, amasa sobre la mesa con el amasado para masas líquidas descrito en la página 41). No importa que la masa no esté perfectamente trabajada, ya que vamos a seguir manipulándola a lo largo de su fermentación (6).

12

13

14

15

16

Pásala a una bandeja o a un contenedor untado de aceite. Con cuidado de no desgarrar la masa, estírala y pliégala como si fuera un tríptico (7, 8 y 9). Con ello consigues que la masa adquiera estructura, por muy húmeda que sea. A medida que se van creando las burbujas de gas, las vas estirando para conseguir una alveolatura irregular muy atractiva. Repite el plegado al cabo de media hora. Si ves que la masa está muy líquida, pliega primero en un sentido, gira la masa 90° y haz el mismo gesto otra vez. Así conseguirás aún más tensión. Deja que la masa fermente otra hora (o más si fuera necesario) [10]. Forma la masa dentro de una bandeja de horno untada con abundante aceite. No tengas miedo de que sobre, ya que se absorberá durante el horneado; y, si pones poco, la focaccia se pegará (puedes usar una hoja de papel de hornear). Pliega los extremos de la derecha y la izquierda un cuarto hacia el interior y luego los lados de arriba y abajo hasta que se encuentren en el centro, como las páginas de un libro; finalmente, dale la vuelta para que el pliegue quede debajo (11). Ahora unta la superficie de la focaccia con aceite y presiona la masa varias veces con las yemas de los dedos (apretando hasta tocar la bandeja). A medida que vayas apretando, ve estirando la masa para que cubra toda la bandeja (12). Deja que la focaccia repose 10 minutos para que se relaje y puedas estirarla otra vez, y vuelve a repetir el gesto, intentando incidir en los mismos agujeros. Finalmente, distribuye el relleno (13) por la superficie, apretando con los dedos para que se pegue y no se caiga al cortarla (14). Hornéala 10 minutos a 250 °C con mucha humedad (vierte medio vaso de agua en una bandeja metálica muy caliente) y otros 25 minutos a 200-210 °C, ya sin la bandeja. Termina los últimos 15 minutos de la cocción con la bandeja en el punto más bajo del horno para que se dore la base. En cuanto se enfríe un poco, la puedes sacar de la bandeja (15); intenta que la base quede crujiente por el aceite (16).

¿Por qué es interesante esta receta?

Muestra varias cuestiones técnicas interesantes: uso de una madre de levadura combinada con levadura, manipulación de masas húmedas, e incorporación de la patata para aportar jugosidad.

Variaciones

En Bari hacen una focaccia jugosísima con harina de trigo duro, la de la pasta. La focaccia es un lienzo en blanco: píntalo a tu gusto.

Pan integral caníbal de centeno y trigo

Este pan 100 % integral consigue un sabor antológico capaz de convencer a los que desdeñan este tipo de masa. Se trata de un pan al gusto alemán, con mucha masa madre, pero también levadura. Intenta usar las harinas más sabrosas que puedas conseguir. Notarás la diferencia si empleas harinas molidas a la piedra; son mucho más aromáticas. El sabor procede de la gran cantidad de madre natural (fíjate que es más que harina) y de las harinas integrales. Para aportar otra nota de sabor y textura, vamos a utilizar una técnica clásica de aprovechamiento: vamos a emplear pan para hacer pan. No una masa de pan, sino un trozo de pan viejo. Se trata de una técnica tan antigua como los panaderos; funciona en especial con panes de centeno, a los que da una nota interesante (con trigo, personalmente, no me gusta tanto).

A pesar de requerir cierta preparación previa (tener lista la masa madre), este pan fermenta con mucha rapidez porque combinamos la madre natural con la levadura. De esta manera, nos beneficiamos del sabor, el aroma y la textura de la primera, y la velocidad de fermentación de la segunda. Por lo general, si usas una buena cantidad de fermento previo (como en muchos panes de centeno, pero también de trigo), puedes permitirte el lujo de emplear una buena cantidad de levadura. Si no tuvieras todo ese fermento previo, tu pan sería mediocre por la velocidad; pero de esta manera te beneficias de las dos maneras de fermentar. Intenta combinar los fermentos para que se adapten a tus horarios y condiciones.

1

2

3

4

5

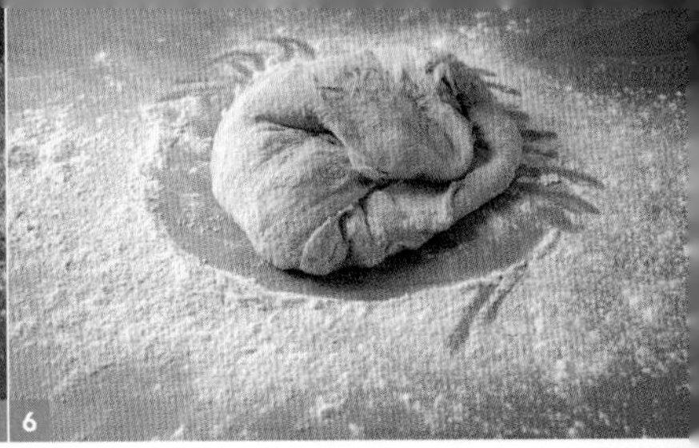
6

En las imágenes verás que he usado un cesto de fermentación, pero este pan se puede elaborar perfectamente sin él, haciendo una bola más bien alta y dejando que se abra por efecto de la fermentación y la gravedad (igual que hacemos con la broa, en la página 110).

Ingredientes	
Pan viejo de centeno	50 g
Agua	35 g
Masa madre integral de centeno*	300 g
Harina integral de centeno	205 g
Harina integral de trigo	195 g
Agua**	250-300 g***
Sal	12 g
Levadura	10 g

* Véase páginas 30 y 31.
** Hidratación: 108-120 % más 9 % en el pan viejo.
*** Las harinas integrales varían mucho en cuanto a absorción.

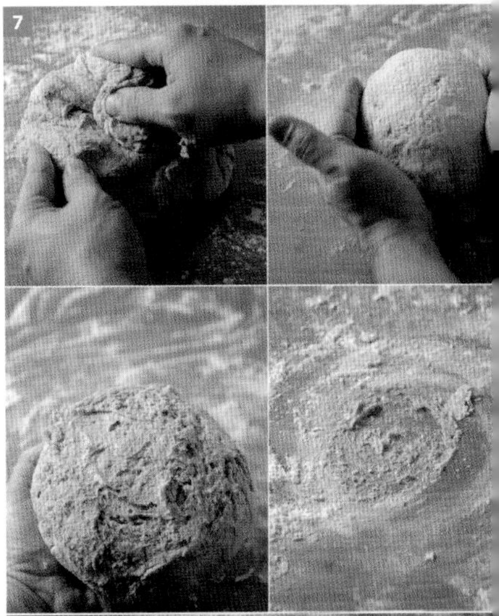
7

8

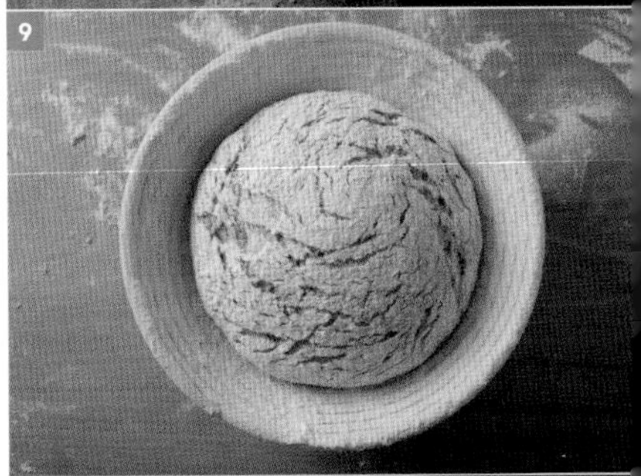
9

10

Mezcla el pan viejo con el agua y desmenúzalo (1). Incorpora bien la pasta de pan viejo con el resto de los ingredientes. La masa será muy pegajosa pero tendrá algo de cuerpo (2). Deja que repose durante 5 minutos. Sin sacarla del bol, con la ayuda de una cuchara grande o de tu mano, trabájala, estirándola y plegándola, frotándola contra las paredes del bol, intentando que todo esté bien incorporado (3). Trabájala 5 minutos y notarás cómo gana en consistencia (4). Déjala reposar 1 hora y pásala a la mesa bien enharinada (5 y 6). Ayudándote de harina, haz un hatillo con la masa y dale la vuelta sobre un espacio de la mesa sin harina. Con las dos manos, bolea la masa girando un par de segundos mientras notas cómo se adhiere a la base. Cuando le des la vuelta, la masa tendría que mostrar una bonita espiral fruto del boleado, y en la mesa tendría quedar marcada otra espiral igual con restos de masa (7). Pasa la masa (con la espiral hacia arriba) a un cesto de fermentación o a un bol forrado con un trapo muy enharinado. Espolvoréala con harina (8). Al cabo de aproximadamente 40 minutos, la superficie de la masa empezará a resquebrajarse (9): vuelca la masa sobre una hoja de papel de hornear y espera 10 minutos,

hasta que la masa se relaje y se agriete (10). Hornéala 10 minutos a 250 °C con mucha humedad (vierte medio vaso de agua en una bandeja metálica muy caliente) y otros 50 minutos a 200 °C, ya sin la bandeja. Deja que el pan se enfríe en una rejilla y espera varias horas (incluso un día) antes de consumirlo.

¿Por qué es interesante esta receta?

Muestra cómo tratar las masas integrales, mezclando una cantidad generosa de madre natural (para el sabor, el aroma y la conservación) con levadura (para la velocidad de fermentación). Dado su contenido en salvado, para evitar un pan muy pesado, le damos una fermentación corta (con la ayuda de la levadura), lo que conserva una estructura de miga más que aceptable.

Variaciones

Para conseguir aún más sabor, mezcla toda la harina y el agua de la masa final tres o cuatro horas antes que el resto de ingredientes, y conseguirás liberar los azúcares de la harina y dar una nota de sabor aún más profundo a tu pan. La receta es suficiente para una hogaza mediana: prueba a doblar o triplicar las cantidades y haz una hogaza de más de dos kilos; la lleves donde la lleves no pasará desapercibida.

Pan con escaldado al estilo de la isla de Gotland

Me crie con la emoción de ver cómo Perico Delgado dejaba a sus perseguidores con su mítica manera de demarrar en los puertos del Tour de Francia. En esa carrera, los puertos más duros, los que tienen las rampas más largas y empinadas, reciben el calificativo de *hors categorie* («fuera de categoría»). Igual que aquellos puertos donde Perico forjó su leyenda, este es un pan que se escapa de lo común, por los ingredientes, el sabor, la elaboración y el horneado.

Si observas la lista de ingredientes, posiblemente te asombrarás; suma a esto que, según una costumbre muy arraigada en el sur de Suecia, vamos a hornear este pan hasta que la corteza casi se carbonice. En Suecia existe toda una familia de panes de miga densa, jugosa y oscura enriquecidos con melaza que ellos llaman *brödsirup* («sirope de pan»), como el denso *kavring*, o el pan elaborado con mosto cervecero, el *vörtbröd*. En casi cualquier recetario sueco se pueden encontrar versiones parecidas a esta.

Una parte de la harina se mezcla con agua hirviendo; se escalda. Esto da al pan la característica más buscada por los panderos suecos, la jugosidad, pero también otorga conservación, mejora la estructura (interesante, dado el poco gluten de la masa de centeno) y el sabor, y facilita el rebanado. Si te gusta el centeno, anímate a usar parte de la harina escaldada. En este caso, mezclamos con especias la harina que se va a escaldar, creando así una especie de papilla-infusión. La receta emplea corteza seca y molida de la naranja amarga, un ingrediente muy típico en panadería y repostería del centro y norte de Europa. En invierno puedes secar las cortezas de

naranja y conservarlas para este y otros panes aromáticos; es una gran inversión.

Ingredientes	
Escaldado	
Harina blanca de centeno	150 g
Agua	300 g
Anís molido	media cucharada de postre
Hinojo molido	media cucharada de postre
Corteza de naranja amarga seca	2 cucharadas de postre
Masa	
Escaldado	450 g
Masa madre blanca de centeno	200 g
Harina panificable	225 g
Harina blanca de centeno	150 g
Yogur	75 g
Sirope/melaza	100 g
Azúcar moreno	25 g
Levadura fresca	7-12 g (2,5-4 g de levadura seca)
Sal	12 g
Hidratación total	88 %

La noche anterior (o unas horas antes), escalda la harina de centeno con las especias vertiendo sobre ellas el agua hirviendo (1), y remueve hasta crear un engrudo homogéneo sin harina seca (2).

Para conseguir una masa madre blanca de centeno, simplemente refresca la madre con harina blanca de centeno (3). La noche anterior, mezcla 8 g de la masa madre que tengas con 95 g de harina blanca de centeno y 95 g de agua, y déjalo fermentar toda la noche; al día siguiente será como una mousse aromática (4).

Al día siguiente, mezcla la harina panificable y la de centeno blanco de la masa. A esta preparación de harinas (60 % trigo y 40 %

4

5

6

centeno blanco) en Suecia se la denomina *rågsikt* («centeno tamizado»); es muy común en sus recetas.

Incorpora todos los ingredientes (5) y mezcla con la mano enérgicamente para deshacer bien el denso escaldado. La masa adquirirá un bonito color naranja y un aroma embriagador (6). Déjala reposar 10 minutos y pásala a la mesa para amasarla. Para obtener una textura adecuada, la masa tiene que pegarse a la mesa (7); simplemente estírala y pliégala sobre sí misma durante 5 minutos; es inevitable que te manches las manos. Por último, deja que la masa fermente 1 hora en un bol (8). Transcurrido este tiempo, coloca la masa sobre la mesa bien enharinada y fórmala para darle un poco de tensión primero y después pliégala sobre sí misma enrollándola. Al contrario de lo que dice cualquier manual, en el último paso del formado vamos a cometer un grave error: echar harina en el pliegue, para evitar que se selle (9). Esto nos asegura que el pan se abra por ese sitio durante el horneado creando una forma espectacular. Deja fermentar la masa alrededor de una hora con el pliegue hacia abajo sobre una tela enharinada y, cuando empiece a agrietarse (10), dale la vuelta sobre una hoja de papel de hornear (11).

Hornéalo 15 minutos a 250 °C con mucha humedad (vierte medio vaso de agua en una bandeja metálica muy caliente), y otros 50 minutos a 210 °C, ya sin la bandeja. Aunque parezca extraño, queremos que este pan se carbonice un poco. El toque amargo de la corteza muy tostada contrasta a la perfección con el rico interior. Deja que el pan se enfríe en una rejilla y espera un día antes de consumirlo. Este pan mejora claramente con los días.

¿Por qué es interesante esta receta?

Presenta métodos y sabores muy distintos a nuestro entorno. Muestra cómo trabajar un centeno (harina blanca de centeno y parte de la harina escaldada) y cómo sacar partido a una masa poco fermentada gracias a un formado en teoría defectuoso.

Variaciones

Introduce sin miedo frutas secas. Cambia de especias. No tengas miedo de modificar las proporciones de harinas para que resulte más esponjoso. Puedes omitir la levadura aumentando la cantidad de masa madre un 30 %.

Pan de cebada dos veces

Luis Cistué, un investigador del CSIC que trabaja desde hace años con la cebada, me puso sobre la pista de este viejo cereal, el más cultivado en España en cuanto a superficie, pero olvidado para el consumo humano (salvo en forma de cerveza). La cebada, como la avena, contiene una fibra llamada betaglucano que tiene un gran interés nutricional, ya que impide la absorción de colesterol, entre otras grandes virtudes. Por si fuera poco, la cebada es un cereal de alto rendimiento, barato de producir; así que se puede hacer un pan con un buen contenido en cebada y unas propiedades nutritivas muy interesantes por un precio realmente competitivo, al contrario de lo que ocurre con otras variedades de cereal muy costosas.

En este pan utilizo el 40 % de cebada, lo que tiene un impacto considerable en la masa, dado que este cereal tiende a proporcionar masas muy poco extensibles, que se quiebran con facilidad. Como guiño al gran producto de la cebada, y para introducir otra variación técnica, todo el líquido de esta receta es cerveza. Un último toque de miel produce un pan en extremo aromático, de miga densa, que invita a cocinar guisos contundentes y que aguanta lo que sea en la mochila durante un día de excursión.

1

2

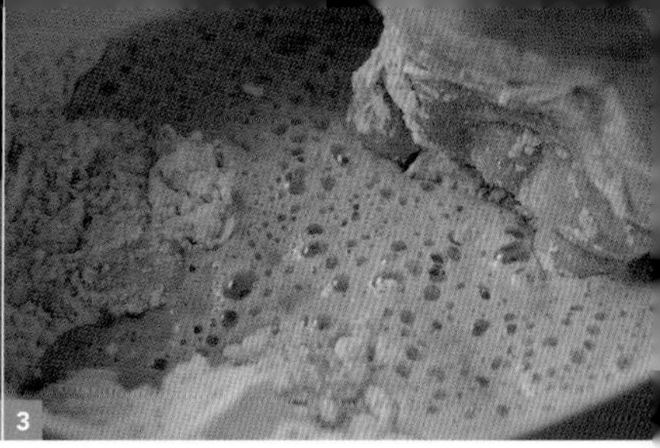
3

Ingredientes	
Masa madre de cebada*	180 g
Harina de fuerza	360 g
Harina blanca de cebada	150 g
Cerveza	300-330 g
Miel	30 g
Sal	12 g
Levadura	1 g
Hidratación total	65-70 %

*Para elaborarla véase el primer capítulo.

Para convertir tu masa madre a cebada, una noche antes de elaborar el pan, mezcla un tercio de una cucharada sopera de tu masa madre (5 g) con 90 g de harina de cebada y 90 g de agua (1). A la mañana siguiente, la madre de cebada estará esponjosa y muy aromática (2), lista para poder preparar el pan de cebada.

Mezcla todos los ingredientes menos la sal (3), y deja que la preparación repose un cuarto de hora. Intenta usar una cerveza aromática con buen regusto a lúpulo y, sobre todo, que no esté fría (4). La masa será algo pegajosa (5); añade la sal y pásala a la mesa para trabajarla. Notarás que tiende a adherirse de manera clara a la mesa. Aunque parezca que con el amasado se va a arreglar, la cebada impedirá la formación de una masa sedosa, así que amásala menos de lo que harías con una masa de trigo de tacto similar. Ve plegándola sobre sí misma y haciéndola rodar, siempre de manera muy suave (6 y 7). Lo mejor que puedes hacer con masas de este tipo es realizar pequeños amasados de 10 segundos e incorporar reposos de 5 o 10 minutos. Repite estos amasados tres o cuatro veces y deja fermentar la masa en un bol durante 2 horas. Habrá crecido, pero no tiene que haber doblado su volumen. Pásala a la mesa ligeramente enharinada (8) y fórmala haciendo un hatillo con la masa dando tensión, y luego dale la vuelta (sobre un lugar de la mesa sin harina) y boléala, haciéndola girar con suavidad con tus manos inclinadas como cuñas hasta que

4

5

6

7

8

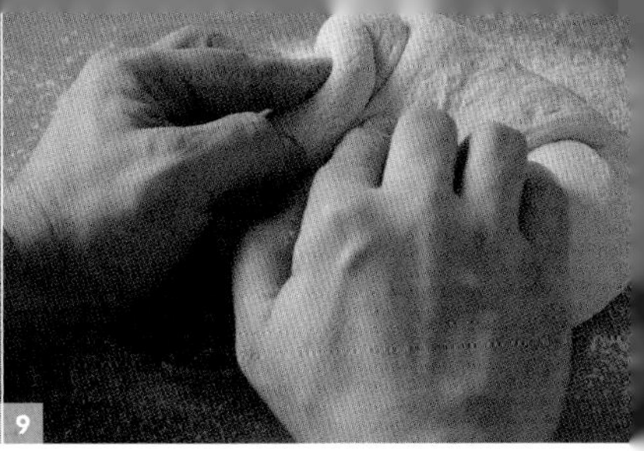
9

10

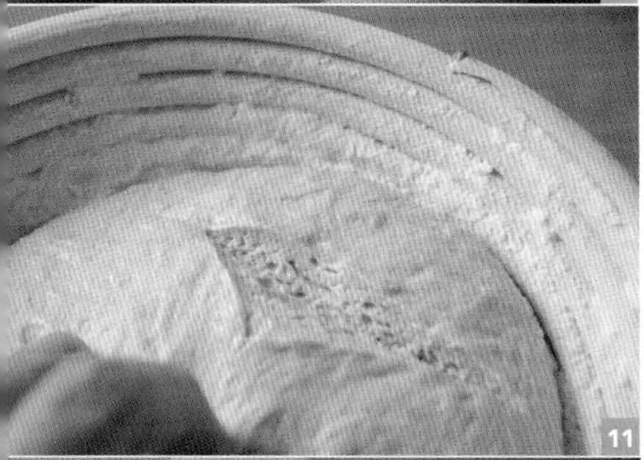
11

12

quede homogénea (9 y 10). Ponla con el pliegue hacia arriba en un cesto de fermentación o bien en un bol forrado con un trapo muy enharinado. Deja que fermente 3 horas, hasta que, al practicar un corte, se vea claramente miga de pan (11). La masa es algo densa y se dejará cortar con facilidad. Con la ayuda de una cuchilla o un cuchillo de sierra, realiza cortes en forma de rejilla (12).

Hornéalo 15 minutos a 250 °C con mucha humedad (vierte medio vaso de agua en una bandeja metálica muy caliente) y otros 40 minutos a 200 °C, ya sin la bandeja (13). Deja que el pan se enfríe en una rejilla antes de consumirlo.

¿Por qué es interesante esta receta?

Muestra cómo convertir una masa madre de un cereal a otro, cómo usar otros líquidos en las masas y el uso combinado de madre natural y levadura.

Variaciones

Es un pan ideal para que fermente en la nevera una vez formado. No tienes por qué usar cerveza en el pan si no te gusta; intenta cambiar las proporciones de cebada y trigo y, sobre todo, anímate a mezclar cebada en tus panes integrales.

13

Pan de Kamut®

Kamut® es la marca registrada de una variedad de trigo (*Triticum turgidum* subsp. *turanicum*). Puedes encontrarlo bajo su denominación comercial o bien como subespecies emparentadas con el nombre *turgidum* o apelativos como «trigo persa». Se trata de un trigo vítreo, cuya semilla es grande y dorada (casi como una pequeña pieza de ámbar). Está emparentado con el trigo duro, el que se usa para hacer la pasta en nuestra cultura, y que durante siglos ha dado grandes panes en todo el Mediterráneo. Lo curioso de estas variedades de trigo es que, al molerlas, proporcionan una harina arenosa, granulosa, y producen unas migas jugosas y dulzonas. Este pan lo puedes elaborar con Kamut® o con trigo duro; la sensación al amasar con cualquiera de estas variedades es maravillosa: el agua se tiñe de amarillo y el olor a papilla es inolvidable.

El Kamut® tiene un sabor de fondo especiado y produce una corteza dorada muy llamativa, igual que el trigo duro. En más de un manual de panificación se da a entender que no se puede hacer buen pan con trigo duro, y esto es totalmente falso (como atestiguan los grandes panes de trigo duro del sur de España o Italia, donde se elabora con trigo duro el primer pan de Europa con Denominación de Origen Protegida). Tanto el trigo duro como el Kamut® son bastante camaleónicos: si la hidratación es baja, su miga es densa y húmeda; pero si aumentas la cantidad de agua, ganan en esponjosidad y tienen una alveolatura notable.

Esta receta utiliza una biga elaborada con el propio cereal y levadura; produce un pan sabroso y muy fácil de hacer.

1

2

3

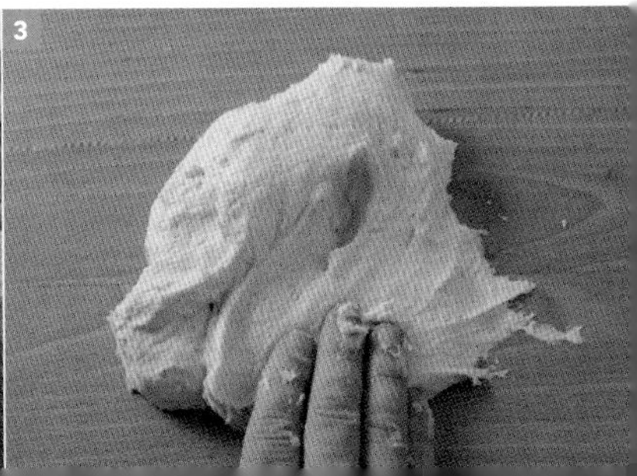

4

5

6

Ingredientes	
Biga	
Harina de Kamut®	140 g
Agua	65 g
Levadura fresca	2 g (0,7 g de levadura seca)
Masa	
Biga	207 g
Harina de Kamut® o trigo duro	360 g
Agua (69 %)	280 g
Sal	10 g
Levadura fresca	2 g (0,7 g de levadura seca)

El día anterior, mezcla los ingredientes de la biga y amásalos un par de minutos. Obtendrás una bola densa. Reserva esta bola de masa en la nevera en un contenedor hermético de 1 a 3 días, y úsala cuando más te convenga. (Si tienes prisa, puedes fermentar la mezcla en 3 o 4 horas a temperatura ambiente.) Tras la fermentación, la biga será esponjosa y desprenderá un aroma limpio, alcohólico y un poco ácido (1).

Mezcla todos los ingredientes menos la sal (2) y déjalos reposar 20-25 minutos. Deshaz la biga con los dedos, porque es más densa que el resto de la masa. Tras el reposo, incorpora la sal y comienza a amasar en la mesa; verás que ahora se pega mucho menos (3) y puedes ir trabajando cada vez con más comodidad (4). A medida que vayas plegando la masa sobre sí misma y haciéndola rodar, verás que cada vez adquiere más consistencia. Tras unos segundos de amasado, deja que repose 5 minutos y verás cómo el amasado casi se hace solo. Tras dos o tres tandas de pequeño amasado y reposo, la masa queda fina y satinada (5). Ponla en un bol para que fermente durante 2 horas. La masa se hinchará bastante (6).

Con mucha delicadeza, pasa la masa a la mesa ligeramente enharinada. Primero forma un pequeño hatillo (7) y dale la vuelta sobre un lugar de la mesa sin harina (8). Deja que repose 15 minutos. Transcurrido ese tiempo, da la vuelta a la masa y fórmala. Para ello, aplástala un poco hasta formar una torta gruesa y pliega un tercio

7

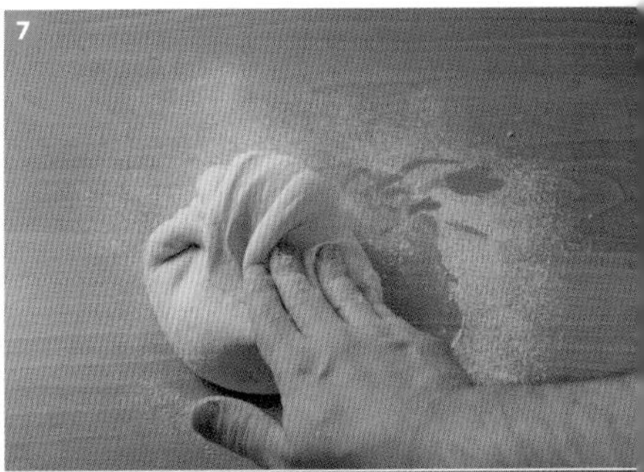

8

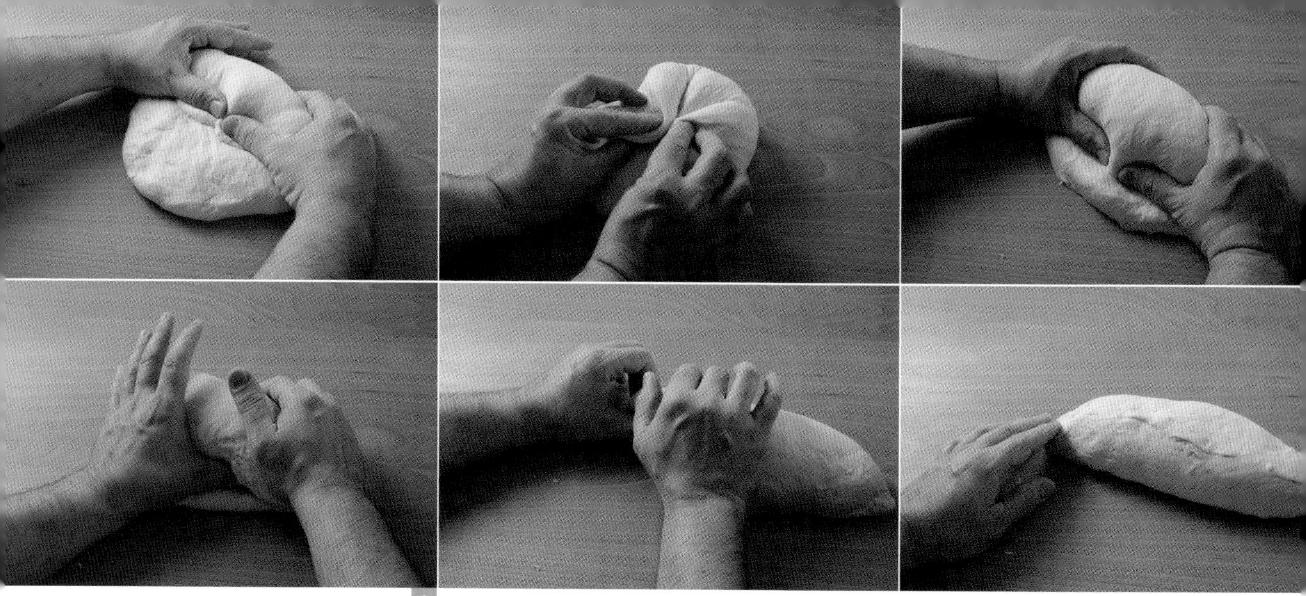

9

de la masa hacia ti, sellando contra la masa la parte que acabas de girar. Repite esta operación dos veces, como si hicieras un rollo con la masa. Si ves que queda demasiado largo, simplemente remete los extremos como en las imágenes de la secuencia 9. En el último pliegue, asegúrate de sellar bien la masa con la base de la palma de la mano para que quede un sellado homogéneo. Y haz rodar el pan por la mesa apretando desde el centro hasta los extremos, haciendo más presión ahí para afinar las puntas.

Deja que fermente con el pliegue hacia arriba sobre una tela enharinada y pon a cada lado un libro para proporcionarle apoyo. Deja que fermente una hora y media o menos; es preferible quedarse un poco justo de fermentación para que el pan se abra bien en el horno. Pasa el pan a una hoja de papel de hornear con el pliegue hacia abajo y practica un corte longitudinal con un cuchillo (10). Hornéalo 15 minutos a 250 °C con mucha humedad (vierte medio vaso de agua en una bandeja metálica muy caliente). Si puedes, usa en estos minutos solo la resistencia inferior; después otros 40 minutos a 200 °C, ya sin la bandeja (11). Deja que el pan se enfríe en una rejilla antes de consumirlo.

10

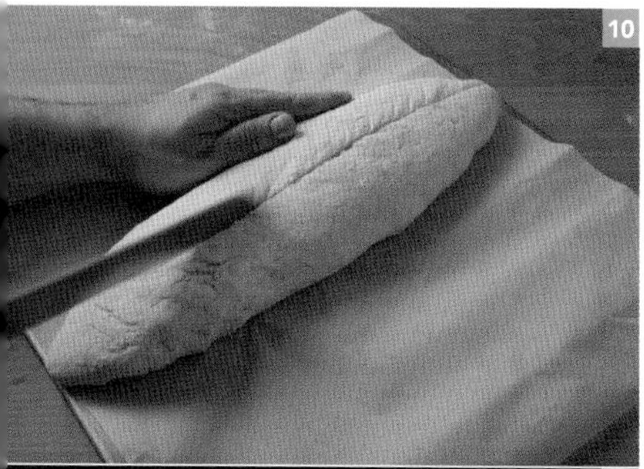

11

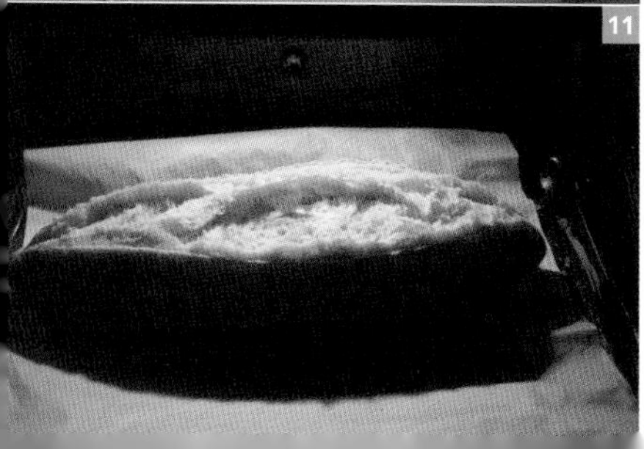

¿Por qué es interesante esta receta?

Introduce otras variedades de trigo, otras sensaciones y muestra cómo hacer un gran pan sin usar masa madre.

Variaciones

Puedes sustituir la biga por una masa madre natural y el pan será más aromático y sabroso. Intenta usar el trigo duro en masas dulces, como los bollos de comino de la página 114.

Langos, pan frito de patata

El langos es un pan frito muy común en el centro de Europa. Es el sustento básico de los estudiantes (barato, sabroso y ubicuo). Y tanto en chiringuitos a orillas del lago Balaton con una cerveza fría, como en quioscos perdidos en callejuelas de Bratislava, los clientes siempre tienen la misma cara de felicidad al comer uno, ya sea invierno o verano. Un langos caliente siempre deja una sensación de plenitud y satisfacción.

Se trata de una especie de gran buñuelo plano, cuya masa está elaborada con huevo y patata cocida, lo que le confiere una gran jugosidad. Se suele servir con nata agria (en España no es difícil encontrar su versión francesa, *crème fraîche*) y queso rallado, acompañado normalmente de un delicioso ketchup casero, muy habitual en aquellos países. Esta masa es perfecta para prepararla unas horas antes (o en la víspera) y dejar que fermente en la nevera. La puedes sacar en el último momento, estirarla con el rodillo sobre la mesa, freírla y servir los langos calientes y jugosos para una comida o cena festiva. Sus mejores amigos son un poco de chucrut y una cerveza.

Ingredientes	
Harina panificable	350 g
Patata cocida hecha puré	150 g
Agua	70 g
Huevo	2 (100-110 g)
Azúcar	12 g
Sal	8 g
Levadura	6 g
Hidratación total	48-51 %

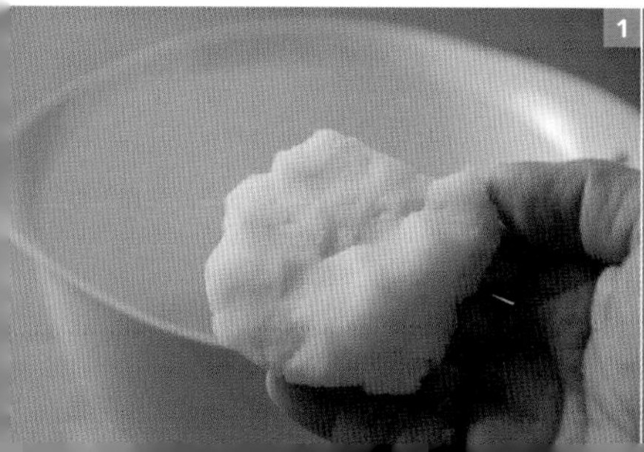
1

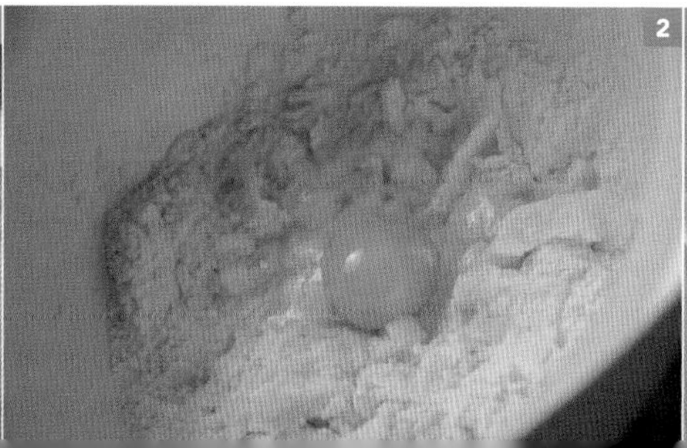
2

3

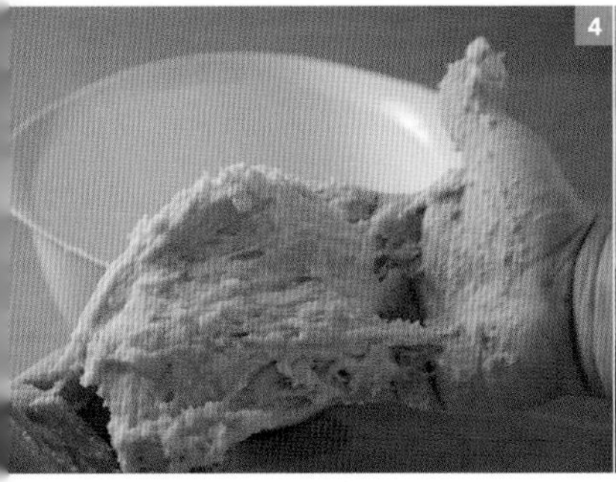

Para esta masa usaremos patata cocida hecha puré (1). Dependiendo del tipo de patata y de cómo la cuezas, tendrá más o menos agua, así que puedes modificar la cantidad de agua hasta conseguir la textura correcta; fíjate sobre todo en la masa de las imágenes. Mezcla todos los ingredientes (2) hasta conseguir al principio una masa algo pegajosa (3 y 4). Déjala reposar 15 minutos y amásala sobre la mesa. Pliégala sobre sí misma y hazla rodar sobre la mesa. Al principio puede costarte un poco. A veces la patata puede otorgar demasiada humedad; puedes añadir un poco de harina si ves que no se puede manipular.

Cuando la masa esté homogénea y más lisa (5), déjala fermentar. Esta masa es ideal para hacerla con antelación y conservarla en la nevera hasta que comiences a freír los langos. El reposo puede oscilar desde unas 4 horas hasta toda una noche. Esto te da control y libertad (acostúmbrate a trabajar de este modo con muchos panes: decide cuándo vas a cocerlos). Una vez finalizado el reposo, divide la masa en porciones de unos 125 g y boléalas ligeramente para darles uniformidad, haciéndolas girar con rapidez entre tus manos sobre un eje imaginario (6). Notarás que la parte inferior se adhiere un poco y la superior se tensa, que es lo que queremos. Entonces estira cada bola con el rodillo hasta que mida unos 15 o 20 cm (7 y 8).

Prepara una sartén con abundante aceite (lo ideal es un aceite de sabor suave). Caliéntalo hasta que casi humee, pero sin

que llegue a hacerlo. Fríelos por ambos lados hasta que estén dorados (al llevar patata, se doran con rapidez) [9]. En vez de freírlos 2 minutos por cada lado, puedes ir dándoles la vuelta cada medio minuto.

Pásalos a un plato con un poco de papel de cocina para que escurran el aceite sobrante, y sírvelos con nata agria y queso rallado, o con queso fresco y ketchup. También puedes servirlos en dulce espolvoreando un poco de azúcar y canela.

¿Por qué es interesante esta receta?

Ofrece la posibilidad de hacer pan sin horno. La idea de introducir jugosidad por medio de la patata es universal; puedes usarla en cualquier pan.

Variaciones

Normalmente se sirven como gruesas tortas fritas de miga esponjosa, pero puedes hacer bolas y servirlas como buñuelos o bien rellenarlas con un poco de queso.

Pita

Las pitas son fáciles de hacer, resultonas y gustan a todo el mundo. Al igual que los chapatis, las pitas son el instrumento, el plato y el cubierto, e invitan a compartir de manera desenfadada. Una pila de pitas anuncia casi siempre un buen rato. Puedes usarlas como saquitos de pan y rellenarlas o bien desgarrarlas con tus manos y usarlas a modo de cuchara para comer cualquier guiso. Incluso puedes revivir unas pitas secas humedeciéndolas con un poco de agua o bien desmenuzar una pita completamente seca en una ensalada, para añadir un toque crujiente.

Este es uno de los panes más rápidos del libro; puedes tenerlo listo de comienzo a fin en una hora y media. Sin embargo, es uno de los más sabrosos y satisfactorios. La receta usa un poco de harina integral y una pizca de azúcar para dar un sabor profundo a cereal, pero las puedes hacer con tus harinas favoritas. Solo hay una cosa esencial: mucho calor. Calienta bien el horno, al máximo. Enciéndelo antes de comenzar a estirar las obleas de masa para que alcance una temperatura alta y permita que las pitas se hinchen.

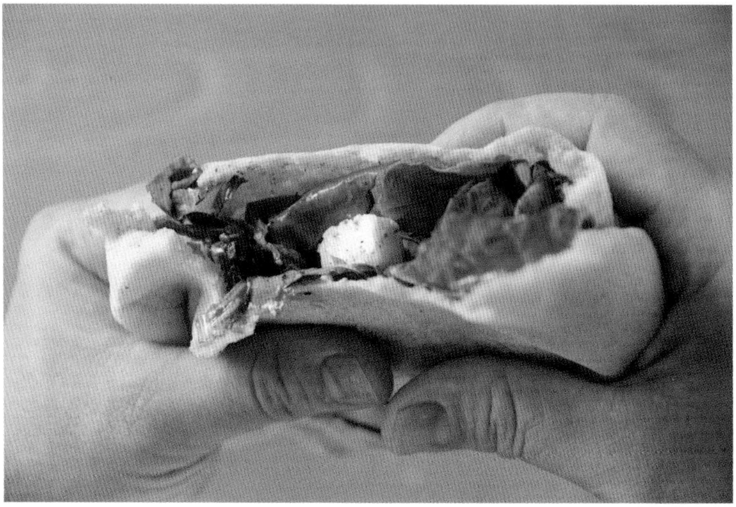

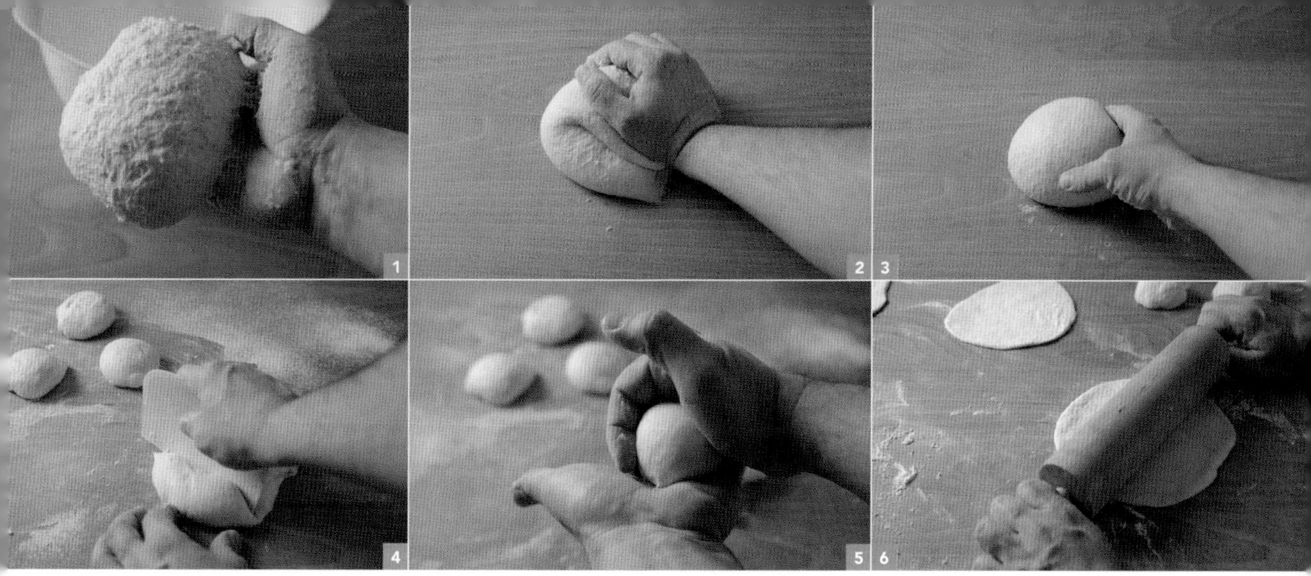

Ingredientes	
Harina panificable	375 g
Harina integral	25 g
Agua (62 %)	250 g
Azúcar	10 g
Sal	5 g
Levadura fresca	5 g (1,5 g de levadura seca)

Mezcla todos los ingredientes hasta obtener una masa que se adhiera a tus manos solo en los primeros momentos de la mezcla (1). Déjala reposar 15 minutos y amásala sobre la mesa; tendría que dejarse amasar fácilmente. Pliégala sobre sí misma y hazla rodar una y otra vez sobre la mesa durante 5 minutos (2). Enseguida tendrás una masa manejable. Deja que repose durante media hora (3) y divídela en porciones de unos 80 g (4). Boléalas un poco, haciéndolas girar con rapidez entre tus manos sobre un eje imaginario (5), y estíralas con el rodillo hasta que midan unos 15 cm de diámetro (6).

Coloca un par de pitas en una hoja de papel de hornear; su grosor será de unos 3 o 4 mm (7 y 8). Deja que fermenten un poco (un cuarto de hora), y ponlas en el horno cuando esté muy caliente (es esencial para que se hinchen bien). Lo ideal es que hayas calentado el horno a 250 °C con una bandeja metálica dentro al menos durante 20 o 25 minutos. Desliza la hoja de papel de hornear con las pitas directamente sobre la bandeja del horno. Verás que en medio minuto empiezan a hincharse (9). Transcurridos 2 minutos (a veces incluso menos), dales la vuelta para que se cuezan homogéneamente y evitar que se sequen.

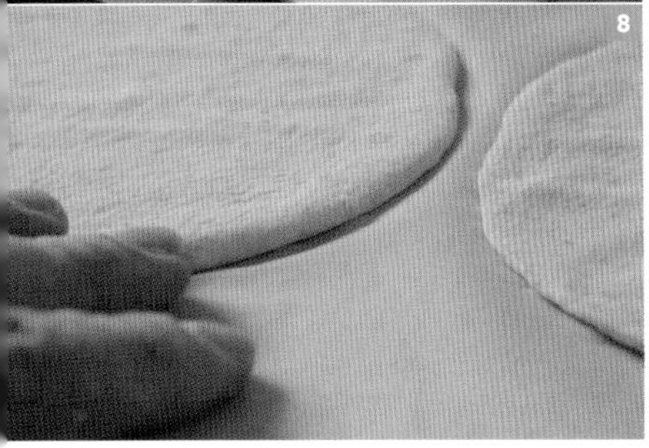

En cuanto saques las pitas del horno, resérvalas en un paño para que se conserven tiernas y jugosas. Ten cuidado al manipularlas, ya que sueltan vapor de agua caliente.

El horneado tiene que ser muy rápido; si las tienes demasiado tiempo, quedarán secas y crujientes. El grosor de las pitas y la temperatura del horno te mostrará cuál es el límite. Como cuando aprendes a hacer cualquier otro plato, ya sea un pescado, un arroz o una crêpe, tienes que sacar alguna pita seca y quemada para aprender el punto justo. Una vez que aprendas la mecánica, seguro que repites este pan a menudo.

¿Por qué es interesante esta receta?

Consigue un efecto sorprendente con un buen uso del horno. También puedes cocerlas sobre una chapa o sartén.

Variaciones

Intenta añadir un poco de harina de trigo duro o centeno. Puedes hacerlas sobre una chapa muy caliente o sartén (en este caso, usa una tapa para obtener más calor).

Trenza semiintegral de nueces, higos secos y miel

A menudo solemos pensar en la bollería como en algo ligero, etéreo y esponjoso hasta el extremo. En las masas de brioche más clásicas se retrasa el añadido de la grasa al amasar; así se consigue el milagro de la miga liviana y llena de hebras. Por desgracia, hoy en día, con el abuso de mejorantes y aditivos, muchas veces la masa de una barra es más esponjosa y ligera de lo que llegó a serlo jamás el mejor de los brioches.

Esta receta invita a pensar en dulces distintos, con un toque rústico y arcaico, pero delicioso. La mezcla de ingredientes produce una miga jugosa, tupida y con un buen mordisco que llena la boca de sabor a cereal. Por lo general, cuando usamos ingredientes especiales, como las nueces en este caso, solemos emplearlas siempre en el relleno, pero, ¿por qué no utilizarlas en la propia masa? Si incorporas nueces molidas a la masa, el sabor se multiplica exponencialmente. Usa esta idea con cualquier ingrediente o sabor que quieras introducir a una masa. Por si esto fuera poco, la receta contiene una buena cantidad de harina integral, con lo que su miga es algo más tupida que otras masas de bollería de este libro.

Por desgracia, con el tiempo, la gama de sabores y aromas de la bollería ha ido disminuyendo: a menudo una capa de chocolate de baja calidad o una crema se usan para ocultar una masa mediocre o unos ingredientes de baja calidad. Sabores sutiles como los frutos secos o el cabello de ángel van perdiendo el favor de las generaciones jóvenes.

1

2

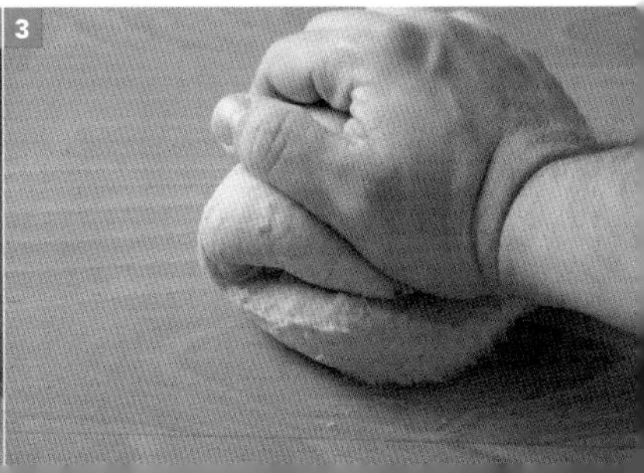

3

4

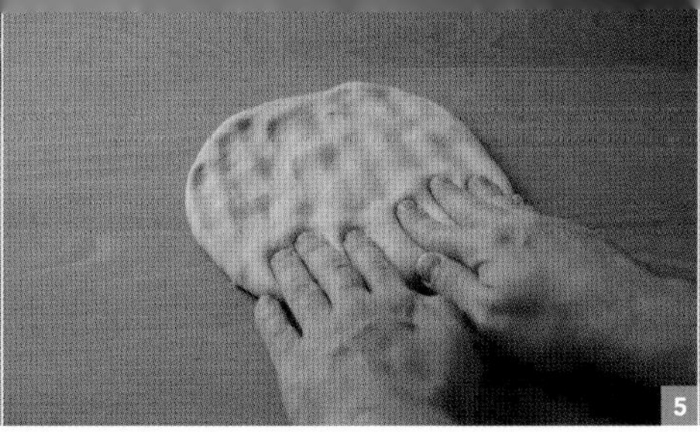
5

6

Ingredientes	
Harina de fuerza	225 g
Harina integral	50 g
Leche	80 g
Huevo	1 (55 g)
Miel	15 g
Azúcar	10 g
Mantequilla	25 g
Nueces molidas finamente	15 g
Sal	3 g
Levadura	12 g
Relleno	
Nueces	150 g
Higos secos	40 g
Mantequilla	40 g
Miel	30 g
Glasa	
Agua	50 g
Azúcar	100 g
Zumo de limón	1 cucharada de postre
Hidratación total	49 %

7

Muele las nueces de la masa en un mortero o un molinillo (1). Mezcla todos los ingredientes de la masa, que quedará un poco pegajosa (2). Deja que repose 10 minutos y trabájala sobre la mesa. Pliégala sobre sí misma y hazla rodar sobre la mesa (3) durante unos 8 minutos, hasta que consigas una masa homogénea y lisa (4). Deja que fermente cubierta durante 1 hora.

8

Estírala sobre la mesa con las yemas de los dedos formando un rectángulo (5) y luego acaba de estirarla bien con el rodillo (6) hasta obtener un rectángulo el doble de largo que ancho, de unos 60 x 30 cm. Mezcla los ingredientes del relleno y haz una pasta con ellos (7). Distribuye esta pasta de manera uniforme sobre el rectángulo de masa (8). Enróllala como un brazo de gitano por el lado más largo (9). Cuando tengas un cilindro de masa, córtalo a lo largo en dos mitades con la ayuda de un cuchillo; al hacerlo, se verán las capas que habías enrollado con el relleno (10). Trenza las dos

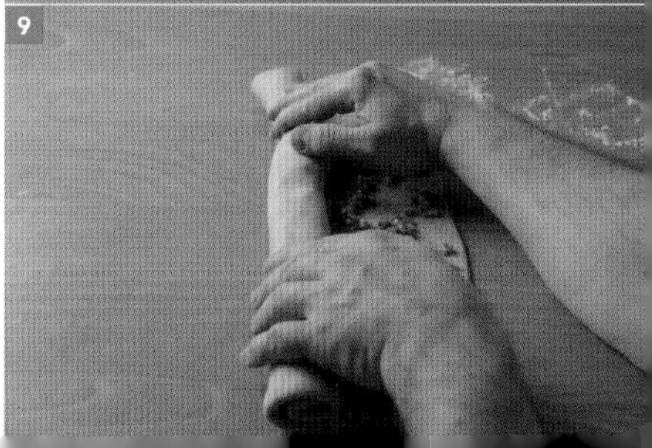
9

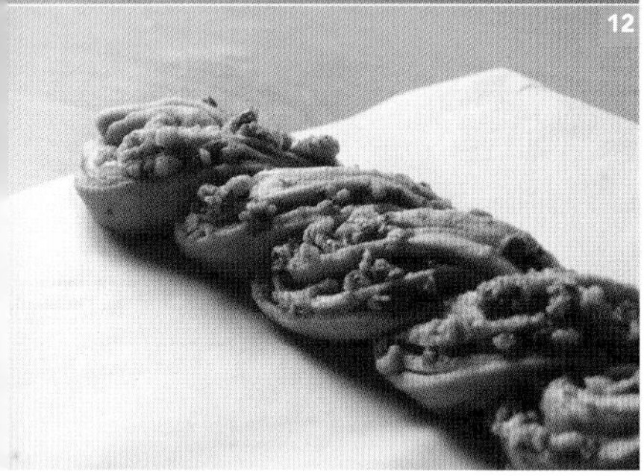

mitades y sella bien cada extremo apretando con los dedos hasta que las puntas de masa estén perfectamente unidas (11). Deja que fermente entre una hora y media y 3 horas; notarás que crece y que la masa se esponja de manera evidente. Si la masa está aún muy tiesa, simplemente espera más tiempo (12).

Hornea la trenza durante 30 minutos a 210 °C. No pongas el ventilador del horno, ya que puede dorarse en exceso. Mientras se hornea, prepara la glasa disolviendo el azúcar en el agua y calentándolo hasta que hierva un par de minutos y el almíbar empiece a espesar un poco. Para que la trenza brille, el almíbar tiene que estar caliente cuando lo apliques; puedes recalentarlo en el fuego justo antes de usarlo. Nada más sacar la trenza del horno, pincélala de manera generosa con el almíbar (13). Deja que se enfríe y disfrútala: al tener una miga y un relleno tan jugosos, es una pieza de bollería que aguanta varios días tierna.

¿Por qué es interesante esta receta?

Muestra cómo introducir ingredientes especiales no solo en un relleno, sino también en la propia masa; se trata de un gran recurso y una idea que conviene tener siempre en cuenta. Presenta una masa dulce semiintegral, que puede seducir a mucha gente que huye de la bollería artificial cargada de mejorantes que hinchan las masas hasta el aburrimiento.

Variaciones

Puedes reducir el azúcar de la masa hasta casi eliminarlo, y lo mismo sucede con la miel del relleno. Si a las nueces y los higos le añades unos dátiles machacados, podrías convertir esta trenza en un dulce sin azúcar.

Relleno y formado de una trenza.

Roscón de Reyes

Un aura de dificultad envuelve la elaboración del roscón de Reyes. Todo el mundo tiende a pensar que es algo complejísimo de hacer y que hay que ser poco menos que un alquimista para conseguir un resultado bueno cuando, en realidad, es algo relativamente sencillo. En enero de 2011 hicimos esta receta en el programa de la ETB2 *Robin Food, atracón a mano armada* y fue todo un éxito; muchísima gente se atrevió por primera vez en su vida a hacer un roscón.

Un roscón es una masa de bollería, pero no por eso deja de necesitar una buena alma, así que preparamos un fermento elaborado la noche anterior con harina, leche y levadura. Queremos introducir aromas y un fondo de sabor. Si fermentas la madre de levadura en unos pocos minutos, no podrás conseguirlo.

Seguro que te llamará la atención lo limpio de sus sabores, ya que contiene aromáticos de verdad y no extractos, como a veces sucede con versiones mediocres compradas. Retrasa el añadido de la mantequilla para conseguir una miga esponjosa y no tengas prisa por meterlo en el horno. Siempre sale.

Ingredientes	
Madre de levadura	
Harina	90 g
Leche	50 g
Levadura fresca	2 g (0,7 g de levadura seca)
Masa	
Madre de levadura	142 g

1

2

3

Harina de fuerza	340 g
Leche	120 g
Huevo	2 (110 g)
Azúcar	80 g
Levadura	15 g
Sal	5 g
Mantequilla	60 g
Aromáticos	
Ron	20 g
Agua de azahar	14 g
Corteza de media naranja y medio limón	
Canela en rama	media rama
Decoración	
Naranja confitada, almendras, guindas, azúcar, etcétera	
Hidratación total	65 %

El día anterior, prepara la madre de levadura y la infusión de leche. Por un lado, disuelve la levadura en la leche (1), incorpora la harina y amasa un par de minutos, hasta conseguir una bola de masa homogénea. Introdúcela en la nevera en un bote hermético y déjala allí un día entero (2). Por otro lado, hierve en la leche la rama de canela y la corteza de cítricos durante 5 minutos y déjalas en infusión varias horas (o toda la noche). Al hervir la leche, una parte se habrá evaporado. Justo antes de mezclar la masa, retira la canela y los cítricos y completa con el agua de azahar y el ron hasta tener un total de aproximadamente 120 g (3). Si te falta un poco, rectifica con agua hasta conseguir la cantidad deseada.

Al día siguiente, saca la madre de la nevera; estará esponjosa y aromática (4). Mezcla todos los ingredientes de la masa menos la mantequilla. No incorpores todo el líquido al principio para no acabar con una masa demasiado líquida. Queremos una masa que se adhiera un poco nada más mezclarla (5 y 6). Antes de amasar, deja reposar la masa 10 minutos y verás cómo se pega menos. Amasa durante 5 minutos, plegando la masa sobre sí misma y haciéndola rodar por la mesa. Entonces incorpora la

Formado de un roscón de Reyes.

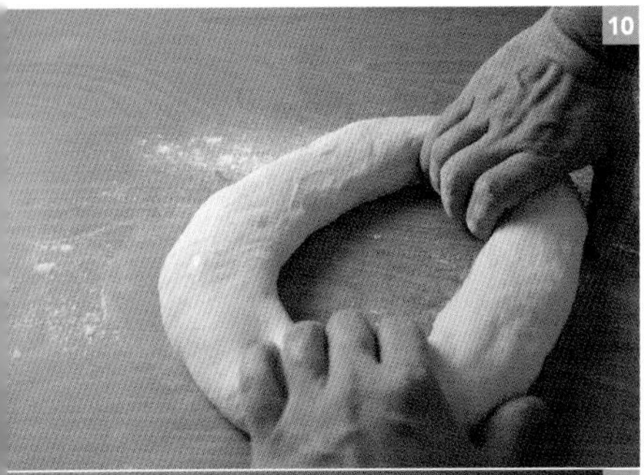

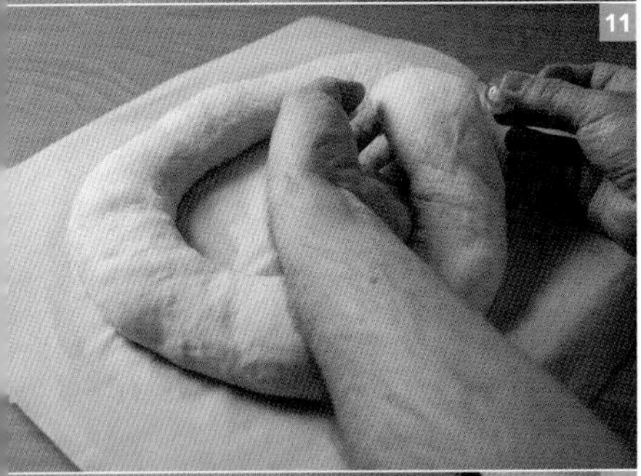

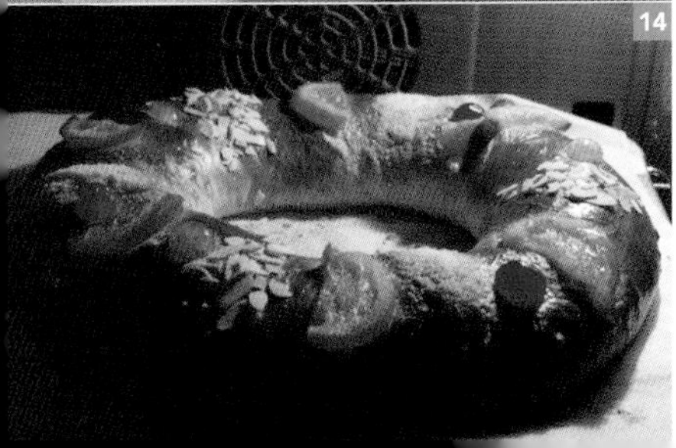

mantequilla en dados, blanda pero no derretida (7). Mezcla todo apretando y arrastrando la masa y la mantequilla entre tus dedos hasta que se incorpore, más por la fricción que por el calor de tu cuerpo (no queremos que la grasa se derrita). Deja reposar la masa un par de minutos y trabájala otros 8 o 10 minutos, hasta que esté muy lisa y brillante (la esponjosidad de la masa depende en gran medida de que la trabajes bien en esta fase). Déjala fermentar en un bol hasta que doble el volumen (8). Entonces pásala a la mesa y desgásala apretando de manera contundente con tus manos; notarás cómo se escapa el gas. Haz una bola con la masa y deja que repose tapada y se relaje 15 minutos antes de formarla. Si la intentases formar ahora, la desgarrarías.

Usa un poco de harina para formar la masa sin que se te pegue. Pincha con un par de dedos el centro de la bola de masa hasta tocar la mesa (9); empieza a ensanchar ese agujero hasta que puedas meter la otra mano. Entonces comienza a estirarla suave y homogéneamente (10); puedes levantarla y hacer que la gravedad la estire. Por último, dispón el roscón sobre una hoja de papel de hornear. Si ves que la masa está muy tensa, déjala reposar cinco minutos. Tras ese reposo podrás hacer las rectificaciones que quieras y dejar que la masa esté tensa y perfecta. En ese momento, esconde el haba y la sorpresa en la base de la masa, apretando bien y sellando el agujero (11). Cuando crezca, con la fermentación, no quedará ni rastro. Pincela la masa con huevo nada más formarla (12). Deja que fermente una hora y media; prácticamente tiene que doblar su volumen. Vuelve a pincelarla con huevo y decórala con las frutas confitadas, almendras, azúcar, etcétera (13). Horneála a 190 °C durante 25-30 minutos (14).

¿Por qué es interesante esta receta?

Acerca un clásico a todo el mundo. Es una buena receta básica de bollería, que puedes adaptar cambiando los aromáticos.

Variaciones

¿Por qué no introducir la masa de roscón de Reyes en un molde? Haz 6 bolas y disponlas en dos hileras de tres dentro del molde engrasado. Deja que se hinchen bien antes de pincelarlas con huevo y hornearlas a 190 °C: tendrás unas tostadas inolvidables. Usa esta masa (sin los aromáticos) para hacer pan de torrijas.

Makowiec, pan dulce polaco relleno de semillas de amapola

Aunque parece chocolate, no lo es. Si viajas por el centro y el este de Europa, advertirás que muchas masas dulces tienen un relleno marrón, denso, jugoso y con un sabor difícil de describir: son semillas de amapola. Esta receta del tradicional dulce navideño de Polonia toma su nombre de esa semilla (*mak,* en polaco), pero preparaciones similares se pueden encontrar en otros muchos lugares, en los que una pasta de semillas de amapola rellena o recubre masas dulces. De hecho, esta es una masa fermentada, pero podría elaborarse algo similar con impulsor químico, al estilo de un bizcocho. Sin embargo, el uso de masas fermentadas con levadura para dulces similares al bizcocho es muy común en distintas culturas. En Polonia existe una inmensa familia de «pasteles de levadura», masas fermentadas (*ciasta drożdżowe*), que nos hablan de un tiempo en que se fermentaba lo que hoy comemos como bizcocho. Sin ir tan lejos, la *bica* gallega es una masa dulce con esqueleto de pan, y un antepasado de los sobaos pasiegos se elaboraba con la masa sobrante de la preparación del pan.

Esta es la receta familiar de Grazyna, la madre de mi amiga Marta, de Breslavia, y culmina la cena de Navidad junto a no menos de veinte variedades distintas de pasteles y dulces. Como toda buena elaboración tradicional, requiere un poco de práctica en el formado y el punto de fermentación, pero el resultado es adictivo. Es importante que las semillas estén bien machacadas y que al relleno no le falte humedad. Una vez que descubras la manera de elaborar el relleno, seguro que lo incorporas a muchas masas; es un estupendo sustituto del chocolate, y tiene un sabor sutil y delicado.

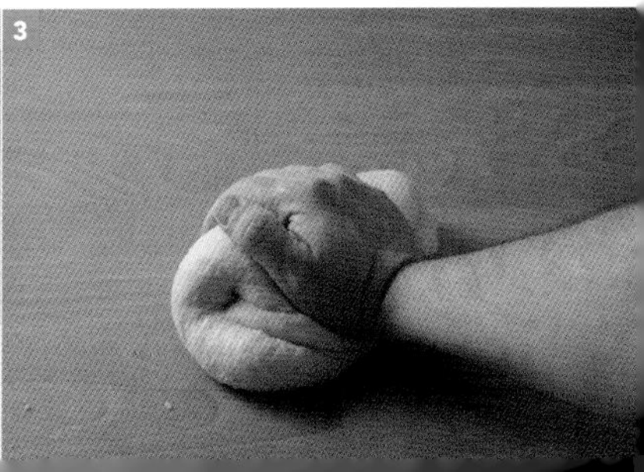

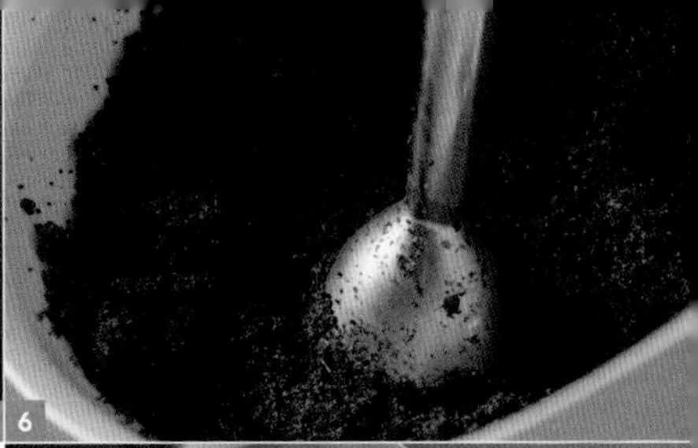

Ingredientes	
Masa	
Harina panificable	250 g
Leche	50 g
Yema	1 (20 g)
Huevo	1 (55 g)
Azúcar	50 g
Mantequilla	50 g
Levadura	7 g
Sal	5 g
Ralladura de medio limón	
Relleno	
Semillas de amapola	225 g
Azúcar	150 g
Clara de huevo	1 (35 g)
Mantequilla	35 g
Almendras laminadas	15 g
Naranja confitada	30 g
Pasas	40 g
Hidratación total	50 %

Mezcla todos los ingredientes de la masa (1). Esta resultará un poco pegajosa al principio (2), pero quedará lisa y manejable al cabo de poco tiempo de amasado (3). Amásala unos 5 u 8 minutos, hasta que esté suave y reluciente y tu mano no se pegue en ella (4). Deja que fermente tapada en el bol (5). Mientras tanto, prepara el relleno: cuece las semillas a fuego medio durante media hora en abundante agua. Una vez cocidas, escúrrelas bien y pásalas por un pasapurés, batidora o robot de cocina para romper los granos (6); tiene que dejar de ser oscura para mostrar un aspecto marrón más claro. Derrite la mantequilla del relleno en un cazo e incorpora el resto de ingredientes, incluidas las semillas, excepto la clara. Cuécelos durante unos 10 minutos. Retira el cazo del fuego y, cuando esté frío, incorpora la clara montada a punto de nieve (7).

Una vez que la masa haya fermentado, que, dependiendo de la temperatura, puede llevar entre 2 y 3 horas (8), estira la masa

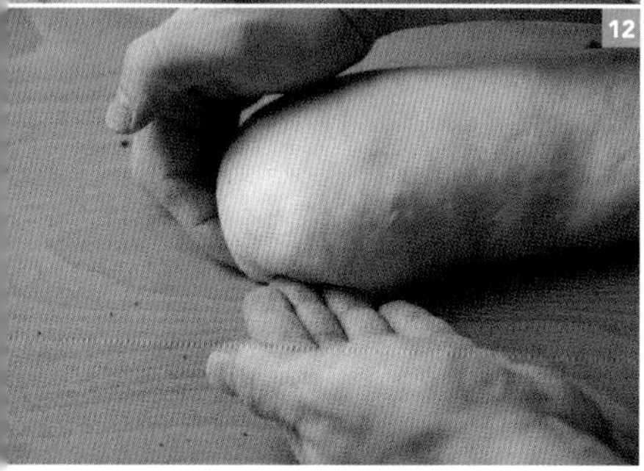

formando un rectángulo de aproximadamente unos 3 mm de grosor (9). Distribuye el relleno en una capa (10) y enróllalo con cuidado (11). Forma una especie de barra remetiendo los extremos para que adquiera una forma homogénea (12). Deja que fermente al menos otras dos horas; queremos que alcance su máximo volumen fuera del horno, para que apenas crezca dentro y no estalle. También puedes formar una rosca, y hacer cortes profundos con una tijera a lo largo de la circunferencia, que dejen ver la espiral de masa y el relleno; o simplemente cortar rebanadas de 1 o 2 cm de grosor y hornearlas como caracolas rellenas de pasta de amapola. Pincélalo con huevo (13) y hornéalo unos 45-50 minutos a 180 °C. Deja que se enfríe bien antes de cortarlo; lo podrás degustar durante varios días, ya que se conserva muy bien (puedes guardarlo en una bolsa de plástico). En el momento de servirlo, puedes espolvorearlo con azúcar glas.

¿Por qué es interesante esta receta?

Presenta un sabor clásico del centro y este de Europa, tan tradicional como el cabello de ángel en España. Muestra una preparación híbrida entre la repostería y la panadería.

Variaciones

Incorpora todo tipo de frutas confitadas y frutos secos a la masa y aromatízala con vainilla. Usa la pasta del relleno para disponerla en una capa gruesa sobre una masa dulce y decórala con migas elaboradas con mantequilla y harina antes de meterla en el horno.

Semlor, bollos nórdicos de cuaresma

Procedo de una ciudad, Bilbao, donde un bollo (el de mantequilla) es la máxima institución de la bollería. No obstante, los semlor ocupan un gran lugar en mi corazón. Son los bollos de cuaresma nórdicos, con sutiles diferencias en cada país. Se trata de una masa enriquecida con leche, mantequilla y huevo, aromatizada con cardamomo y que, una vez horneada, se rellena con crema de mazapán y nata montada (usa la nata de la mejor calidad que puedas conseguir, fresca a ser posible; nunca en espray). Nunca olvidaré la primera vez que los probé: primero levantas la tapa, y ese mordisco al capuchón cubierto de azúcar glas e impregnado en nata es sublime. La masa dulce empapa la nata de tal modo que parece que el cardamomo esté en ella y no en la masa (es impresionante cómo queda el cardamomo en las masas dulces, como los bollos de la página 122). Después, te abres camino a mordiscos hasta el corazón relleno de crema de mazapán. Los semlor son más densos que los bollos españoles; hay que masticarlos y dejar que sus aromas estallen en la boca.

Anders Berlin, el granjero y panadero que me alojó una temporada en Suecia, me enseñó a comer los semlor en tazón, remojados en leche caliente; «ahora ya conoces cómo sabe mi infancia», recuerdo que me dijo. Si dejas un semla en remojo un par de minutos y después atacas con la cuchara la parte inferior, la sensación es increíble: parece casi una torrija tibia de cardamomo, lo que es el contrapunto perfecto para la miga aromática, el corazón de mazapán y la parte superior con nata montada fresca. Uno no puede más que maravillarse ante la sabiduría de estas gentes.

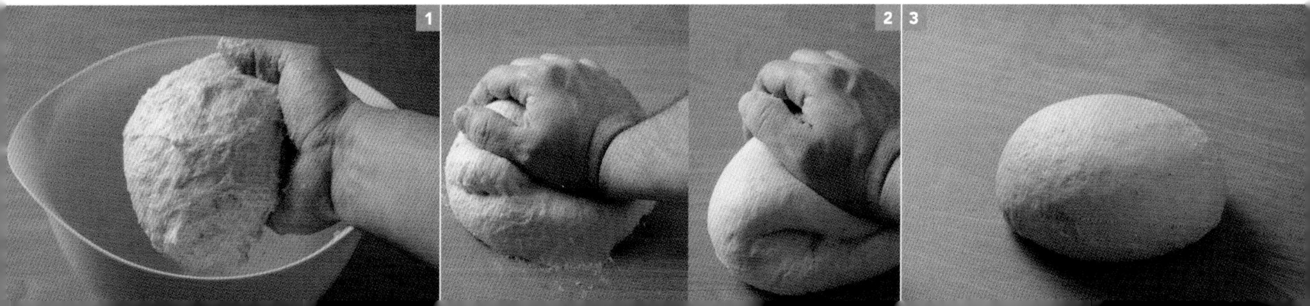

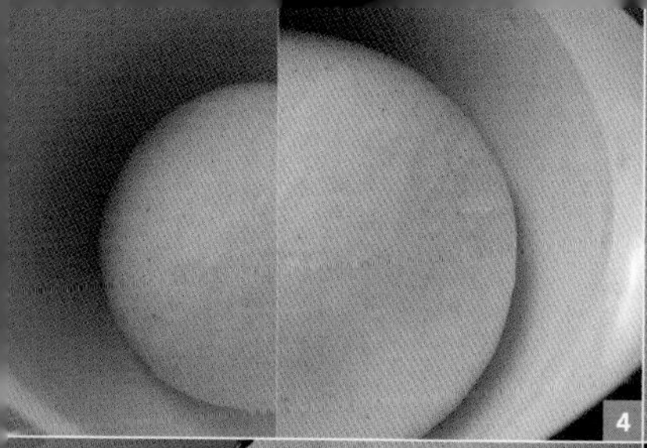

Ingredientes	
Harina de fuerza	450 g
Leche	180-200 g
Azúcar	70 g
Huevo	1 (55 g)
Mantequilla	50 g
Levadura	12 g (4 g de levadura seca)
Sal	5 g
Cardamomo recién molido	1 cucharada de postre
Relleno	
Almendra molida	125 g
Azúcar	100 g
Leche	50-65 g
Huevo para pincelar	
Azúcar glas para decorar	
Nata montada	200 g
Hidratación total	52-56 %

Para el relleno, disuelve el azúcar en la leche y mézclalo con la almendra molida, trabajándolo hasta obtener una pasta; resérvala. Para la masa, calienta la leche y derrite en ella la mantequilla. Cuando esté tibia, incorpora el resto de los ingredientes. La masa se pegará un poco a las manos nada más mezclarla (1), pero en cuanto la pases a la mesa y empieces a amasarla, resultará realmente agradable de trabajar. Pliégala sobre sí misma y hazla rodar; repite este amasado durante unos 8 o 10 minutos (2), hasta que la masa esté lisa y brillante (3). Deja que fermente cubierta hasta que doble su volumen (4). Divide la masa en porciones de 100 g y forma bolas, haciéndolas girar con rapidez

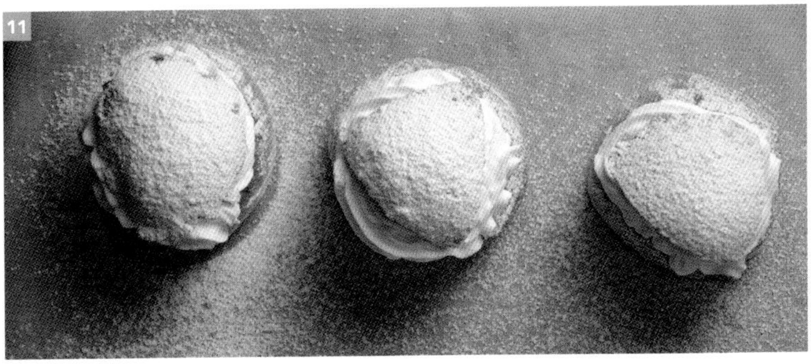

11

con una mano sobre la otra o sobre la mesa. Con la mano superior, forma una especie de jaula para que la bola no se escape, y hazla rodar rápidamente sobre un eje imaginario, sin que se mueva de su lugar (5), hasta que tenga una superficie lisa y un recogido en forma de espiral en la parte inferior (6). Disponlas sobre una hoja de papel de hornear separadas al menos por unos 5 cm, para que tengan espacio suficiente para crecer al fermentar. Deja que fermenten durante 2 horas, hasta que casi hayan duplicado su volumen y estén muy esponjosas. Pincélalas con huevo (7) y hornéalas (8) unos 10 minutos a 230 °C (si ves que se doran mucho, baja la temperatura a 200 °C y tápalas con un poco de papel de aluminio).

Una vez fríos (9), corta una tapa a los bollos (es muy tradicional hacerlo en forma triangular o circular), retira un poco de la miga y rellena con una cucharada sopera bien colmada de masa de almendra (10). Añade una capa de nata montada de unos 2 o 3 cm de espesor, coloca la tapa del bollo y espolvorea con azúcar glas (11). Disfrútalos tal cual o remojados unos minutos en un tazón de leche caliente (12).

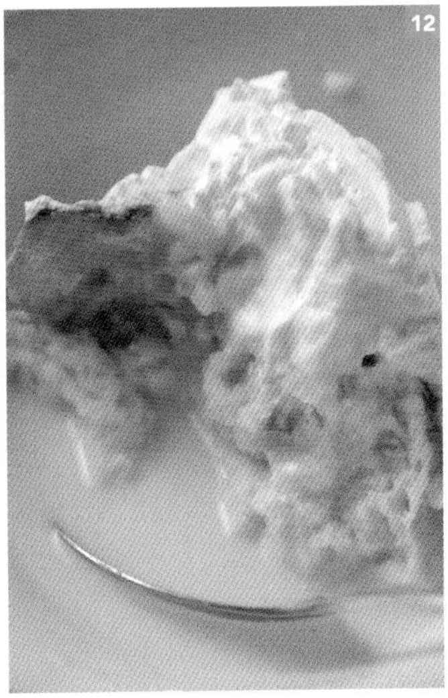

12

¿Por qué es interesante esta receta?

Presenta un clásico nórdico, una mezcla de sabores insuperable; otra manera de concebir la bollería, menos ligera pero más sabrosa.

Variaciones

En las cafeterías suecas, los semlor se sirven en dos tamaños, uno de ellos más pequeño. Dado lo adictivos que son, parece una medida bastante sabia. Aunque es una receta canónica, puedes modificar el formado: puedes elaborar una trenza rellena de mazapán y cubrirla con nata montada.

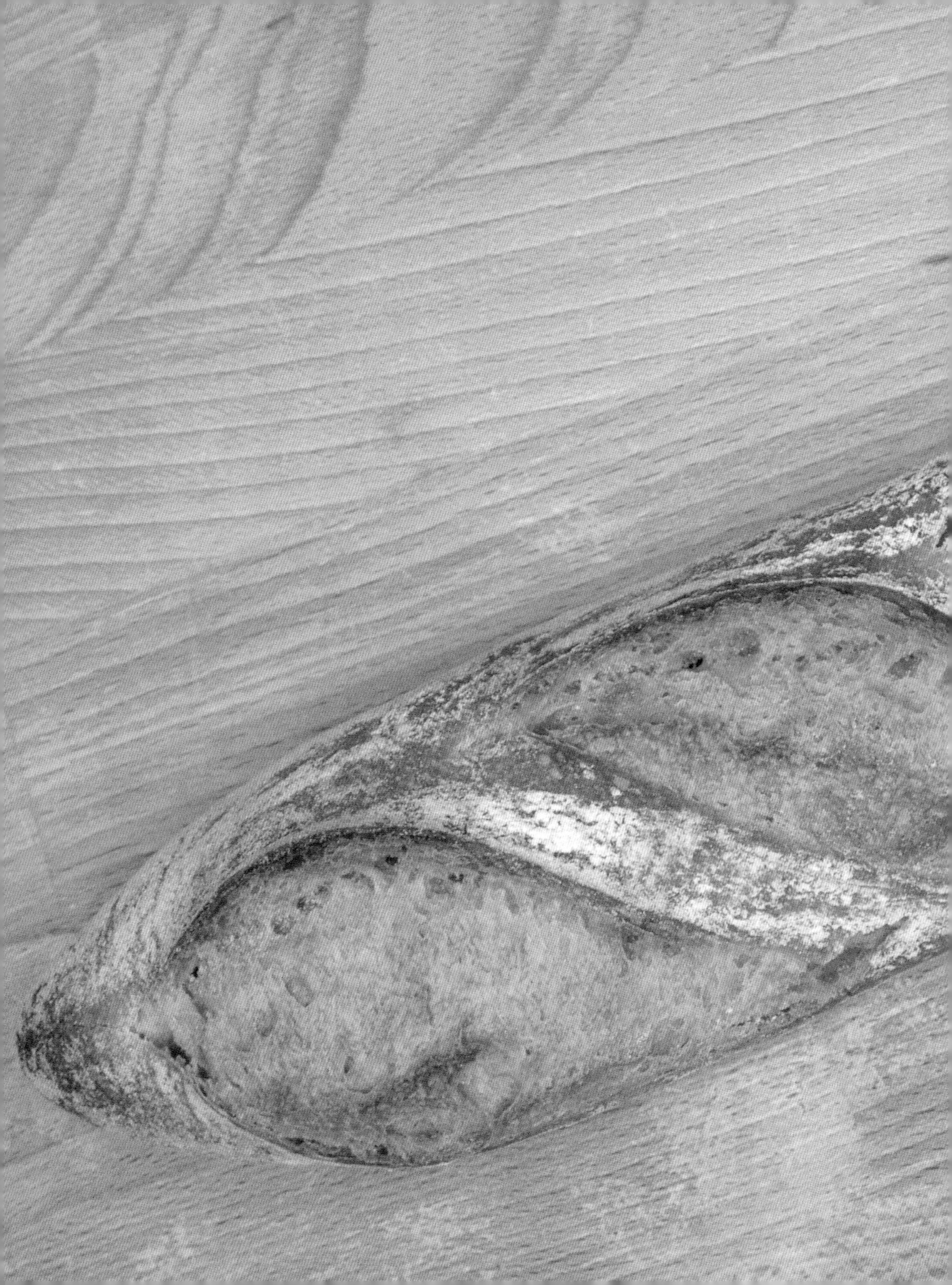

Anexo

- Dr. Pan
- Glosario

Dr. Pan

¿Qué le pasa a mi pan? ¿Es grave, doctor? Al elaborar pan es muy común que te encuentres con una serie de problemas que tienes que entender y superar, de la misma manera que harías al aprender a cocinar un nuevo plato. Una vez hayas comprendido lo que sucede en la masa, con un poco de práctica tendrás la mejor ayuda para aprender. Si el pan no te sale como esperabas, repasa las nociones teóricas que se han explicado en el primer capítulo del libro y repite la receta incorporando los consejos que se incluyen en las siguientes preguntas divididas en apartados: amasado, formado, fermentación, horneado, conservación, sabor y textura y un apartado especial dedicado a las dudas sobre la masa madre (elaboración y utilización, y mantenimiento).

Amasado

La masa se me pega a las manos, ¿he de añadir más harina?
Hay masas de pan que se amasan cómodamente sin que la masa se pegue a las manos, pero hay otras que deben pegarse; observa en cada capítulo las fotografías que muestran la textura de la masa en la mano, y concéntrate en conseguir esa textura. Cada harina es distinta en cuanto a su capacidad de absorber agua (igual que el arroz o las patatas), así que puede que tengas que hacer pequeñas correcciones en la cantidad de agua de la receta, pero evita añadir harina para que la masa no se pegue a las manos. Sigue las instrucciones de manipulación y plegado para trabajar la masa con comodidad.

¿Cómo sabré si la masa ya está amasada?
Cada tipo de pan requiere un amasado distinto (y las diversas harinas requieren más o menos amasado). Cada receta muestra una fotografía de la masa trabajada y de su evolución; concéntrate en conseguir esas texturas. No te canses amasando; incorpora reposos entre pequeños amasados y verás cómo la masa sale por sí sola. Por norma general, tras el amasado y unos 5-10 minutos de reposo, la masa tendría que ser fina y suave al tacto y poderse estirar sin quebrarse con facilidad.

Formado

Cuando formo una barra, una pizza o una forma particular, la masa se encoge, ¿qué puedo hacer?
Normalmente se soluciona tras 20-30 minutos de reposo. Transcurrido este tiempo, podrás estirar la masa con comodidad. También es posible que hayas usado una harina con demasiada fuerza para esa receta, por lo que su tenacidad dificulta el formado. Por ejemplo, con unas barras, lo último que querrás es una harina demasiado fuerte.

Fermentación

¿Cómo sabré cuándo ha fermentado el pan? ¿Ha de doblar su volumen?
Cada tipo de pan tiene un punto de fermentación distinto. Algunos tienen que triplicar o cuadruplicar su volumen, otros apenas levar un poco, etcétera. En la mayoría de los casos, si dejas que el pan aparentemente doble su volumen, no estallará en el horno abriéndose de manera espectacular. Consulta las indicaciones de las páginas 44-47.

Horneado

Mi pan tiene una costra seca antes de introducirlo en el horno
En ambientes secos, intenta evitar la costra tapando la masa con trapos (húmedos, si fuera necesario) y dejando que fermente en cajones o armarios.

Al meter el pan en el horno se ha venido abajo
Lo más normal es que el pan esté pasado de fermentación. La próxima vez intenta que no se hinche tanto; consulta las páginas 44-47. Por otro lado, tal vez el gluten de la harina se haya degradado mucho por exceso de actividad enzimática, algo que suele ocurrir con harinas no muy fuertes, con fermentaciones prolongadas y con masa madre líquida. Intenta reducir un poco la cantidad de agua y usa una madre sólida.

Mi pan no se abre por el corte
En la mayoría de los casos se debe al exceso de fermentación (véase pregunta anterior) o bien a la falta de humedad en el horno. El corte que has practicado se ha secado. Intenta conseguir más humedad (una bandeja caliente en la base del horno con piedras) y evita que el grill seque la parte superior del pan, donde está el corte. Para ello, si es posible, emplea durante los primeros 15 minutos solo la resistencia inferior, no la superior.

El pan se abre por debajo o bien estalla por un lateral o por la parte inferior

Si el pan parece abrirse por debajo, lo más normal es que durante los primeros minutos de la cocción, el corte que has hecho se haya secado por falta de humedad. Céntrate en crear más humedad la próxima vez (consulta la pregunta anterior). Puedes usar una bandeja con piedras o bien unos trapos húmedos, que introducirás en la base del horno.

El pan no se dora

Por lo general, se debe a la sobrefermentación. Las levaduras y bacterias han consumido demasiados azúcares, y esto dificulta la caramelización de la corteza. A veces, una corteza pálida se debe a un exceso de vaporización de agua de manera muy directa.

El pan sale crujiente del horno, pero el crujido no dura

Esto suele ser muy fácil de solucionar, ya que simplemente se debe a que el pan se ha horneado poco. Observa el grosor de la corteza, ya que tal vez sea muy fina (1 mm). Prolonga la cocción durante tanto tiempo como sea necesario (no se trata de tenerlo tan solo 1 o 5 minutos más, sino que puede permanecer en el horno media hora más sin ningún problema). Una vez finalizada la cocción, deja la puerta del horno entreabierta con el horno apagado y deja que el pan repose allí otros 30 minutos. Para hogazas y barras, es recomendable un mínimo de unos 3 mm de corteza; permanecerá crujiente durante más tiempo.

Conservación

¿Cómo he de conservar el pan una vez cocido?

Consérvalo en un recipiente que no sea hermético. Puedes dejarlo simplemente apoyado en una tabla (por la parte de la miga, para evitar que esta quede expuesta al aire) o bien envolverlo en un trapo, en un papel o introducirlo en una caja de madera o cerámica. Si usas telas, evita emplear detergente o suavizante al lavarlo, ya que esos aromas serán absorbidos por el pan. El buen pan aguanta muy bien la congelación, así que no tengas miedo de elaborar el doble de lo que indican las recetas y congelar la mitad de la producción. No guardes el pan en la nevera.

Mi pan endurece con mucha rapidez

Intenta prolongar la fermentación (o, lo que es lo mismo, reduce la cantidad de levadura) o usar algún tipo de fermento, ya sea masa madre natural o de levadura. Una muy buena idea es dejar que el pan fermente durante una noche en la nevera.

Sabor y textura

El pan no tiene mucho sabor
Una fermentación rápida no deja tiempo a que las bacterias y las levaduras hagan su labor de manera adecuada. El resultado es un pan insípido. Utiliza menos levadura y deja que el pan fermente durante más tiempo. Anímate a usar masas madre, ya sean de levadura o naturales. Apuesta por introducir un poco de harina integral en el pan, o bien (si empleas harina blanca) adquiere harinas molidas a la piedra, que suelen tener más sabor.

El pan está muy ácido
Si usas masa madre natural, tienes que controlar su punto de madurez. Observa los gráficos de la página 33 para entender bien su funcionamiento. También puedes emplear menos cantidad de masa madre la próxima vez o incluso reducir el tiempo de fermentación (omitiendo la primera fermentación).

La miga está muy apelmazada
A veces sucede porque la masa tiene demasiada harina; una masa densa produce una miga más apelmazada. Intenta no añadir harina al amasar simplemente porque la masa se pegue a tus manos. Si la cantidad de agua era la correcta, lo más normal es que le faltase amasado o fermentación (a menudo las dos cosas). Intenta amasar más (o realizar microamasados y reposos) y deja que la masa fermente durante más tiempo.

Han quedado unos agujeros enormes en la miga y muy desiguales
Si has usado masa madre, intenta que esté bien activa. Da varios ciclos de alimentación (refrescos) antes de usarla; consulta las páginas 30-33 para ver cómo. Intenta amasar un poco más y dar una fermentación más prolongada.

La miga está gomosa
La fermentación con masa madre natural produce panes con una textura distinta a los de levadura, algo más densa y más rústica. No se trata bajo ningún concepto de que un pan de masa madre sea un ladrillo ácido, sino que tiene que ser esponjoso, y su alveolatura y sabor variarán según su perfil, el tiempo de fermentación y su hidratación. Hay un importante componente cultural y de educación en el gusto: hay gente a la que sencillamente no le gusta el sabor de la leche de vaca de verdad (han perdido ese gusto), y, de igual

manera, hay personas a las que no les gusta el sabor de un pan con masa madre. Dicho esto, una miga excesivamente gomosa puede deberse a varios factores que le pueden afectar: una masa madre poco activa o muy ácida (reduce la acidez de la madre, consulta las páginas 30-33), una fermentación muy prolongada en frío (evita la nevera, si es ese el caso), el uso de una harina demasiado fuerte (emplea una harina con menos fuerza o mézclala con una repostera). Prueba a introducir pequeñas cantidades de levadura en la receta (el 0,2-0,5 % sobre el peso de harina; 2-5 g de levadura fresca por kilo de harina) y producirá un pan de gran sabor y con una textura algo más ligera.

Masa madre

Elaboración

El proceso de obtención de la masa madre, ¿ha de tener lugar en la nevera o a temperatura ambiente? ¿A qué temperatura?
A temperatura ambiente. Normalmente vivimos bien entre los 18 y los 25 °C, lo mismo que la masa madre. Por debajo de esta temperatura está perezosa, y por encima va a un ritmo muy rápido. Por eso, en invierno tardarás un poco más en completar el proceso que en verano. Así, si vives en un sitio cálido, el proceso puede tardar menos. La temperatura, a menos que sea extrema, no es ningún problema. Si tu casa es muy fría, busca un rincón cálido.

En el proceso de obtención, ¿solo hay que echar harina y agua? ¿No puedo añadir otros ingredientes, como frutas, miel, yogur, etcétera?
La harina contiene las suficientes levaduras para iniciar una masa madre. Hay infinidad de maneras de hacer una masa madre; muchas usan ingredientes como los mencionados (u otros de lo más pintoresco). Intenta conseguir una buena harina integral y todo irá bien.

¿Se puede hacer la masa madre con harina blanca y otros tipos de harina?
Las levaduras que fermentan la masa madre se encuentran en la superficie de las cosas, como las frutas (el velo azulado que se observa en las uvas o las ciruelas), los granos, etcétera. Así que es más fácil conseguir la masa madre con harina integral. En realidad puedes hacer madre con cualquier tipo de harina (incluso con harinas sin gluten con arroz, alforfón, etcétera).

¿Hay que usar centeno para obtener la masa madre?
No. Conseguirás el mismo resultado fermentando trigo u otro cereal.

¿Hay que tapar el recipiente durante el proceso de elaboración?
Es irrelevante. Lo importante es que haya algo de aire, pero si es verano y hay mosquitos, o bien mucho polvo, animales domésticos, niños, etcétera, se le pone una tapa o un trapo encima.

¿Qué pasa si la masa madre tiene una capa de líquido encima?
Es normal si la masa madre es muy líquida. No pasa nada, simplemente remueve el líquido e intenta usar un poco más de harina la próxima vez.

A mi masa madre le ha salido una costra por encima
Si aparece un poco de costra en la superficie, remueve todo bien en la siguiente alimentación. Acuérdate de colocar una tapa encima la próxima vez para que no se seque tanto.

¿Qué pasa si parece que no hay actividad?
Si la masa madre tiene un leve olor ácido o agridulce, todo va bien, aunque parezca inerte. Si te preocupa mucho, haz una pelota de masa añadiendo más harina y déjala fermentar un día o dos, ya que de esa manera el gas que se haya producido durante la fermentación permanecerá dentro de la bola de masa y podrás observar tus progresos. Al principio, la masa está «inmadura»; a medida que van transcurriendo los días, va madurando y acelerando su ritmo de multiplicación, por eso los primeros días la actividad puede parecer menor. En cualquier caso, no hay que obsesionarse con el volumen de la masa.

Mi masa madre ha subido y ha bajado, ¿se ha muerto?
La masa madre sigue un ciclo: se alimenta, va creciendo, llega a su cénit y luego, si no se le proporciona más alimento, decrece, lo que no quiere decir que haya muerto. Tan solo necesita más alimento. Esto es una buena señal, ya que va rápido y está a punto de estar madura. Vuelve a alimentarla y permanece alerta para ver su evolución. Una buena idea es añadir harina hasta hacer una pelota de masa y así observar fácilmente cómo gana volumen (y no lo pierde).

Mi masa madre estaba ya casi lista pero ahora solo tiene unas burbujas pequeñas
Muchas veces se debe a que ha pasado su momento álgido. Vuelve a alimentarla y permanece alerta ante su evolución.

Utilización y mantenimiento

Ya tengo la masa madre lista. ¿Qué hago ahora?
Si quieres hacer pan en este instante, pasa a la siguiente pregunta. Si no es así, consérvala en la nevera para que no tengas que alimen-

tarla continuamente. Con el frío del frigorífico, las levaduras ralentizan su ritmo, y puedes conservarla allí durante semanas o meses. Métela en un bote y ciérralo. No conserves más de 50-100 g.

Ya tengo la masa madre y quiero elaborar pan, ¿qué hago?
Para hacer pan tienes que usar siempre la masa madre cuando esté activa, así que la tienes que fermentar hasta que llegue a ese punto de actividad. Acuérdate de que tienes que reservar un poco de masa madre para el futuro, así que prepara siempre un poco más de la cantidad que indica la receta. Consulta los esquemas de multiplicación de las páginas 30-33.

Tengo una masa madre integral y quiero una blanca (o viceversa)
Puedes convertir una masa madre blanca en integral y al revés. Una vez tengas lista la masa madre, toma 5 g y añádelos a 100 g de harina blanca y 60-100 g de agua. Deja que fermente durante 10-12 horas (toda la noche). Al día siguiente tendrás una masa madre prácticamente blanca. Si la vuelves a alimentar con harina blanca, la integral solo será un recuerdo. Del mismo modo, puedes hacer que una masa madre líquida se convierta en sólida (simplemente incorporando más harina) y al revés (agregando más agua).

He conservado la masa madre en la nevera y parece muy ácida, ¿qué hago? ¿Tengo que refrescarla cada semana?
En la nevera, una masa madre puede aguantar muchos meses sin problemas, y no hay por qué alimentarla cada pocos días. No obstante, después de un tiempo, la masa madre se habrá acidificado, tal vez tenga un olor algo avinagrado o incluso puede tener un recuerdo a acetona, pero es del todo normal. Tienes que «sanearla» como quien desala bacalao salado. Tan solo proporciónale unos cuantos ciclos de alimentación durante uno o dos días (dependiendo del tiempo que lleve almacenada). Dale dos ciclos de alimentación largos, de acuerdo a los gráficos de la página 33.

Glosario

Absorción: cantidad variable de líquido que una harina puede retener. Varía de una harina a otra; la de fuerza y la integral absorben más líquido que las harinas flojas y las muy blancas, y la de centeno o maíz más que la de trigo.

Acidez: uno de los atributos organolépticos del pan, y una de las características de la masa. Es el resultado de la actividad de las bacterias durante la fermentación. Los principales ácidos en la masa son el láctico (más suave) y el acético (más intenso). En la elaboración de la masa madre natural es un punto esencial para conocer su madurez y momento de uso.

Alveolatura: estructura de burbujas de gas atrapadas en la masa durante la fermentación que formará la miga. Varía con la hidratación de la masa (a más agua, por lo general, mayores alveolos), el reposo (más reposo, mayores alveolos) y la manipulación (una manipulación muy intensa puede crear una alveolatura fina y homogénea).

Amasar: manipular la masa para desarrollar el gluten y conseguir que el pan quede esponjoso y tenga una buena estructura. El amasado puede hacerse de una sola vez o bien incorporando periodos de reposo que harán que la masa se amase sola. Dependiendo del pan, se puede incluso prescindir de él. El tipo de amasado dependerá de la clase de masa (más o menos húmeda), y el tiempo y la intensidad del amasado del tipo de harina, los ingredientes y, sobre todo, de nuestras circunstancias (tiempo, utensilios, espacio, etcétera).

Biga: masa madre sólida elaborada con harina, agua y levadura. Suele incorporar alrededor de un 50 % de agua por harina. Produce una buena estructura, ideal en panes de hogaza y también para harinas más flojas.

Bolear: manipular la masa para dar una forma homogénea a una pieza. Puede ser una manipulación final, para piezas redondas, o bien un preformado antes de darle otra forma final; en este último caso, es un paso intermedio para preparar el formado definitivo.

Bollería: familia de elaboraciones a medio camino entre la panadería (por fermentación) y la pastelería (por la riqueza de ingredientes).

Se trata de masas dulces fermentadas, como los bollos, el roscón, el croissant, etcétera.

Cebada: uno de los primeros cereales usados por el hombre, muy resistente y adaptable a los más variables entornos. Destaca por algunas características muy saludables, aunque no se emplea mucho en panificación.

Centeno: cereal muy utilizado en los climas fríos y húmedos donde el trigo no se desarrolla con éxito. Produce un pan de gran sabor y de textura algo más densa que el trigo. Agradece el empleo de masas madres con algo de acidez.

Desgasar: después de la primera fermentación, en el boleado y formado, eliminar el exceso de gas y alcohol, además de dar tensión a la masa. Según el perfil del pan, se desgasa más o menos intensamente. Un pan de molde se desgasa con mucha intensidad, para que no queden grandes ojos en la pieza final; los panes de gran alveolatura se desgasan con más suavidad.

Elasticidad: característica de la masa que le permite recuperar su forma inicial después de manipularla. Varía dependiendo del tipo de harina (una harina más fuerte da una masa más elástica, y una más floja, menos). El tiempo de reposo hace que la masa sea menos elástica y más extensible.

Enzimas: proteínas que desencadenan algunos de los procesos más importantes de la panificación, como la propia fermentación. Sus efectos más visibles en una masa son el hecho de convertir los almidones en azúcares sencillos (que procesarán las levaduras) y degradar el gluten, haciendo que las masas pierdan tenacidad y sean más blandas y extensibles.

Espelta: término polisémico que se emplea para definir algunas variedades del género *Triticum*, «trigo». Por un lado, hay una emparentada directamente con el trigo de pan más común en nuestro entorno (de interior blanco y harinoso). Por otro lado, se encuentra *Triticum dicoccum,* una especie más arcaica. También se denomina *escanda.*

Esponja: fermento elaborado con levadura y una cantidad intermedia de agua (aproximadamente un 60 % sobre el peso de la harina). Favorece el volumen de las piezas y otorga un sabor suave. Su uso es muy común en bollería y pan de molde.

Extensibilidad: característica de la masa que le permite estirarse sin romperse. Una harina de mucha fuerza suele ser poco extensible; un trigo de poca fuerza como la espelta por lo general es muy extensible. Algunas elaboraciones requerirán harinas con una mayor extensibilidad para facilitar el formado.

Extracción: cantidad de harina que se obtiene del grano. Si se muele el grano sin quitar ni poner nada, se obtiene una harina al 100 % de extracción. La harina panificable más común tiene entre el 70 y el 75 % de extracción.

Fermentación: proceso en el que las levaduras y las bacterias transforman los azúcares de la harina en gas, alcohol y ácidos que darán volumen, sabor y aroma al pan. Dependiendo de las condiciones básicas de la fermentación (humedad de la masa, temperatura y duración), el pan tendrá distintas características organolépticas.

Flotabilidad: capacidad de una masa para flotar tras un periodo de fermentación. Si se fermenta con masa madre natural es una buena manera de saber que el fermento está listo para usarse en pan, pero que no aportará una acidez excesiva.

Formado: manipulación de la masa tras la primera fermentación para dar al pan su forma definitiva. En el formado, la masa se tensa y adquiere cuerpo para pasar por la segunda y última fermentación y su paso por el horno conservando la forma deseada.

Fuerza: característica de las harinas definida por la cantidad y la calidad de proteína que, en presencia de agua, formará el gluten. Dependiendo de la fuerza, la masa podrá hincharse más o menos durante la fermentación o pondrá más o menos resistencia a la deformación debido al paso del tiempo.

Germen: embrión del cereal, que es aromático y muy rico en grasas y vitaminas. Las harinas blancas suelen carecer del germen para evitar que se pongan rancias.

Gluten: malla elástica formada por las proteínas de los cereales una vez hidratadas. Durante la fermentación, la trama de gluten es capaz de retener los gases y conseguir que el pan suba. Por este motivo, los cereales sin gluten producen masas menos esponjosas.

Greña: apertura en la corteza del pan, normalmente fruto del corte hecho a una masa antes de meterla en el horno, que se abre durante los primeros minutos del horneado. Hay variedades de pan con greñas muy características, como la baguette.

Hidratación: cantidad de líquido que se añade a la harina. Varía según el tipo de pan y la receta: desde un 40 % en una masa muy seca como el candeal o sobado, a un 100 % (incluso más) en un pan de agua muy hidratado. Se expresa en tanto por ciento respecto de la cantidad de harina.

Kamut®: marca registrada con la que se comercializa una variedad de trigo de cultivo ecológico. Produce un grano largo y amarillento, similar al trigo duro. Se encuentran variedades con características similares sin esa marca registrada. Tiene un sabor peculiar, dulce, y produce panes jugosos y de color amarillento.

Levadura: término polisémico que puede referirse a un producto químico (los polvos blancos que usamos para levar bizcochos) o bien a un ser vivo, un hongo al que se denomina levadura. Esta última acepción es la más usada en panadería; se trata del ser que efectúa la función de la fermentación. Se presenta en formato fresco (en pastillas) o en formato seco (en gránulos distribuidos en sobres).

Malta: producto fruto de la germinación de cereales y de su secado una vez que sus características han cambiado. Hay dos tipos: la clara y la tostada. La clara tiene una gran cantidad de enzimas que pueden ser muy útiles en determinados procesos (las enzimas convierten los almidones en azúcares, así que son muy importantes en los panes de fermentación prolongada). Cuando la malta es de color marrón oscuro, indica que se ha sometido a más temperatura y no tiene actividad enzimática; se usa solo de forma estética, para teñir los panes.

Masa madre: término con varios significados. Normalmente se refiere a un producto fermentado de harina y agua, aunque también puede hacer referencia a un fermento elaborado con levadura (o a la propia masa de pan del día anterior), o bien a la madre natural, de fermentación espontánea de levaduras y bacterias sin la presencia de levadura añadida.

Pliegue: técnica de manipulación que consiste en estirar y plegar la masa para fomentar el desarrollo del gluten y conseguir que vaya cogiendo cuerpo, incluso en masas de mucha hidratación, que se resisten a la manipulación.

Poolish: fermento de harina y agua elaborado con levadura. Normalmente se usa la misma cantidad de agua que de harina (o incluso más agua). Al fermentar, se consigue un líquido burbujeante lleno de suaves aromas. Favorece la extensibilidad y el alveolado de la masa, por lo que tradicionalmente se ha usado en masas que hay que estirar, como la barra o el croissant, aunque también se puede emplear en hogazas con grandes resultados.

Preformado: manipulación de la masa tras la primera fermentación que tiene por objeto preparar la masa para el formado final. Si se evita este paso, el formado será difícil y a menudo defectuoso. Es conveniente introducir reposo entre las fases de preformado y formado para que la masa se relaje y se pueda formar de un modo adecuado.

Reposo: término que puede hacer referencia al tiempo que transcurre entre el preformado y el formado o bien al tiempo de fermentación de una masa.

Salvado: parte exterior de la semilla del cereal. Está compuesto de distintas capas y tiene un gran valor nutritivo y gustativo.

Sémola: fragmentos del grano de cereal fruto de la molienda, en un paso anterior a la obtención de la harina. Puede ser de cualquier cereal y de distintos grosores. Otorga humedad y dulzor al pan. Para un pan más ligero, interesa obtener una sémola muy fina.

Trigo: cereal más usado en nuestra cultura, aunque no es el más antiguo, el único, ni el más cultivado. Destaca por su contenido en proteínas capaces de formar un gluten que posibilita que se creen masas esponjosas y ligeras. Existen numerosas variedades de este género (*Triticum*), desde muy antiguas como la escaña silvestre, al trigo duro (amarillento y dulzón) o el trigo blando, el más utilizado para el pan, de harina fina y blanca.

Trigo sarraceno o alforfón: a pesar del nombre, no es un trigo, ni siquiera un cereal. Se trata de una planta cuya semilla se muele y proporciona una harina muy sabrosa. No tiene gluten.

Vapor: vapor de agua que se introduce en el horno al comienzo del horneado para retrasar la formación de la corteza y facilitar el greñado del pan y el aspecto brillante de la corteza.

Índice alfabético

Este libro se terminó de imprimir en julio de 2022
en los talleres de Litográfica Ingramex, S. A. de C. V.
Centeno 162-1, Col. Granjas Esmeralda, Iztapalapa, C.P. 09810,
Ciudad de México, México.